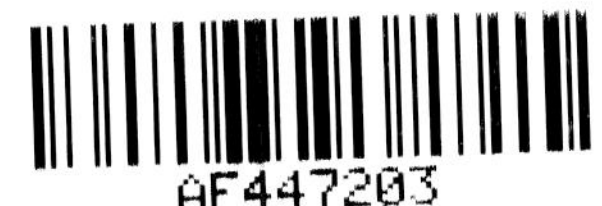

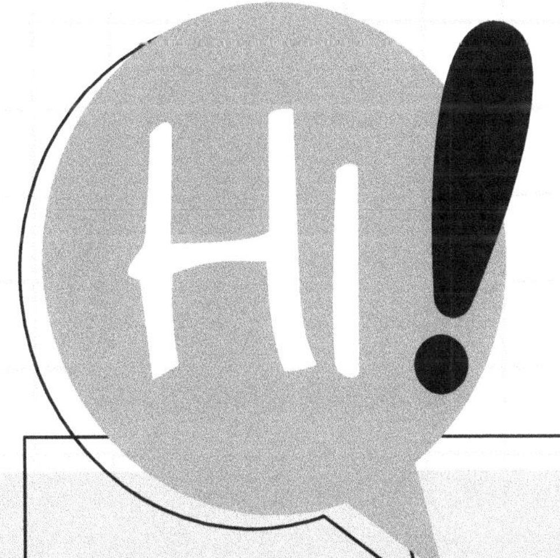

♥ = MY NAME IS...

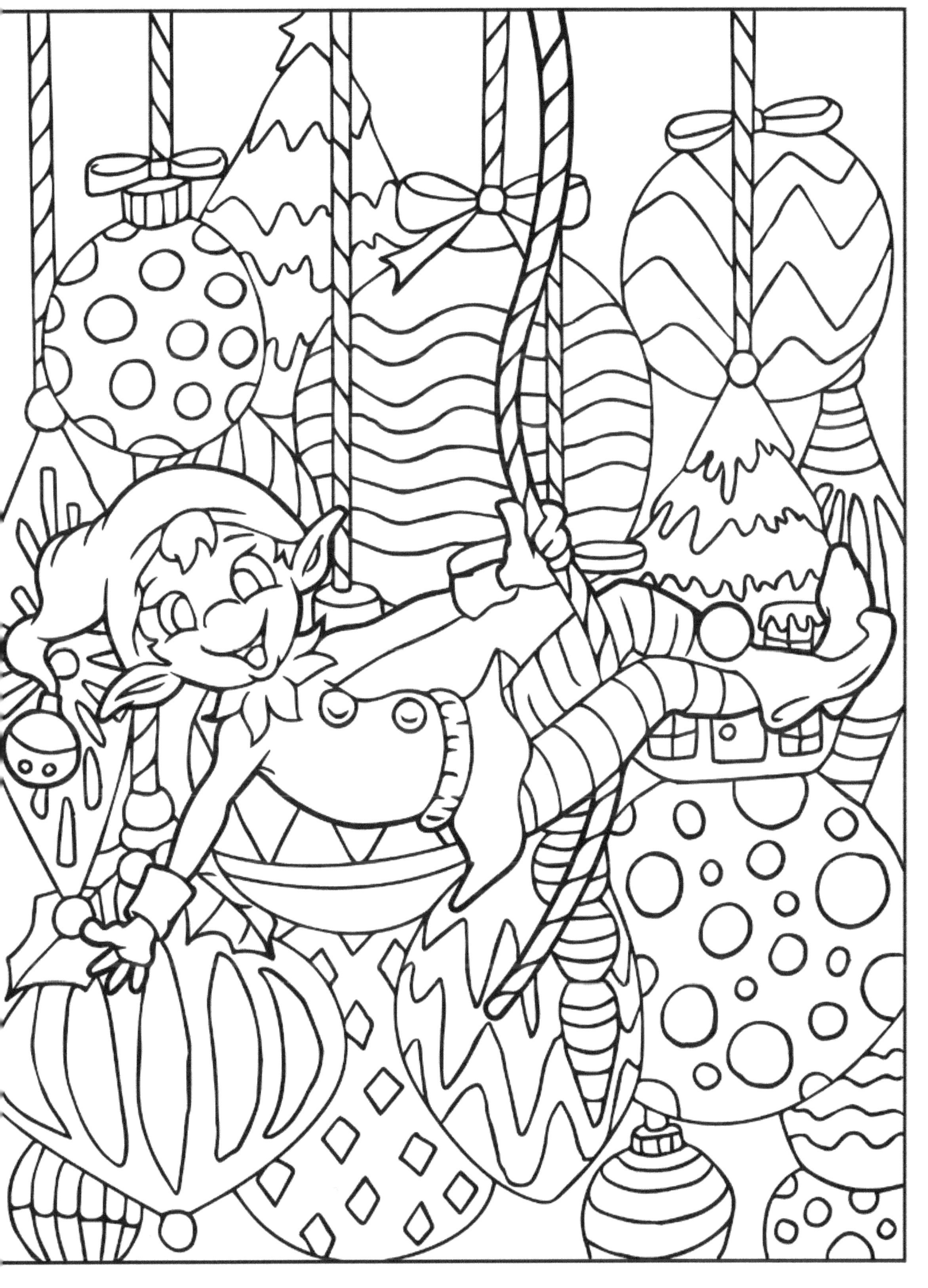

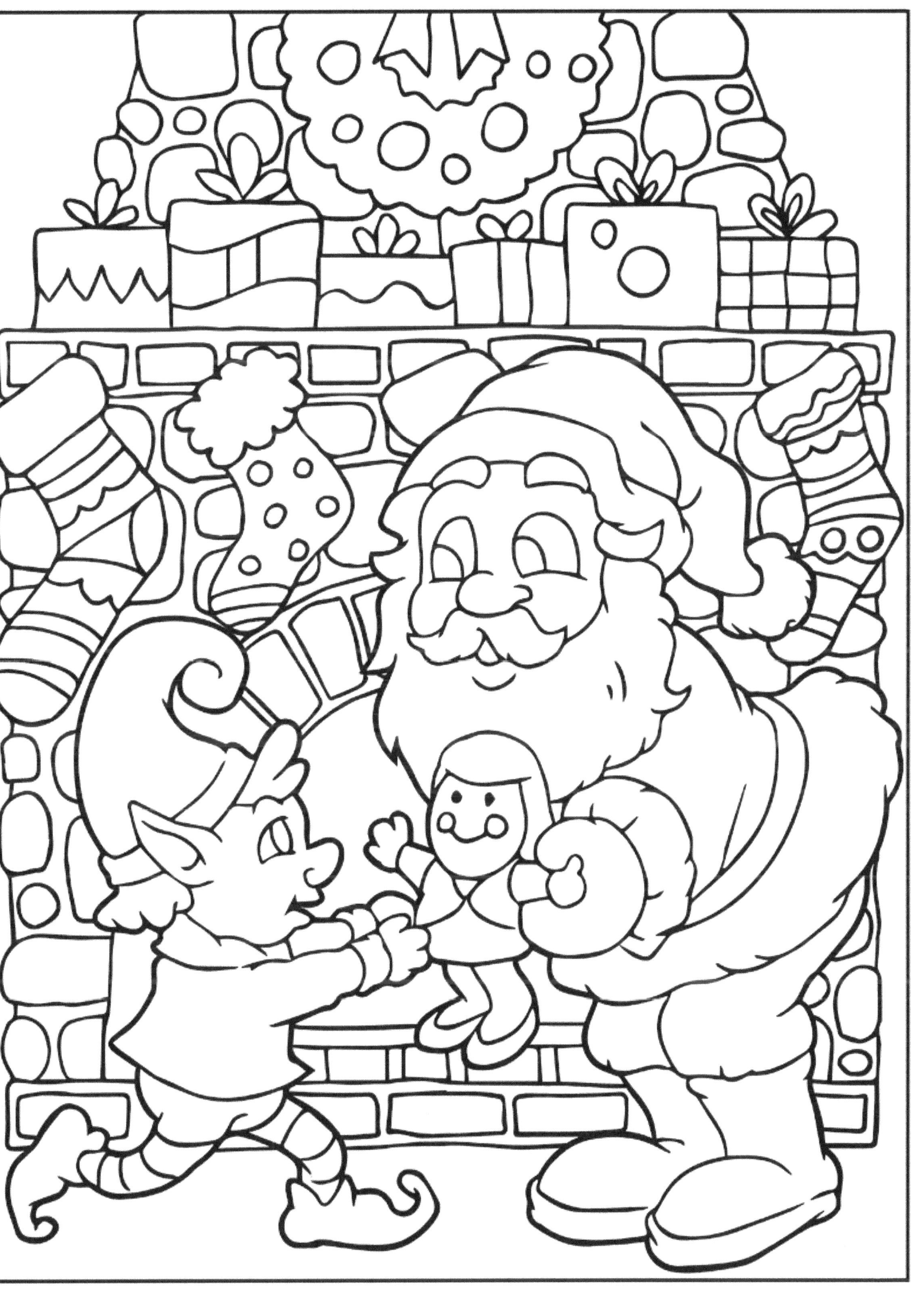

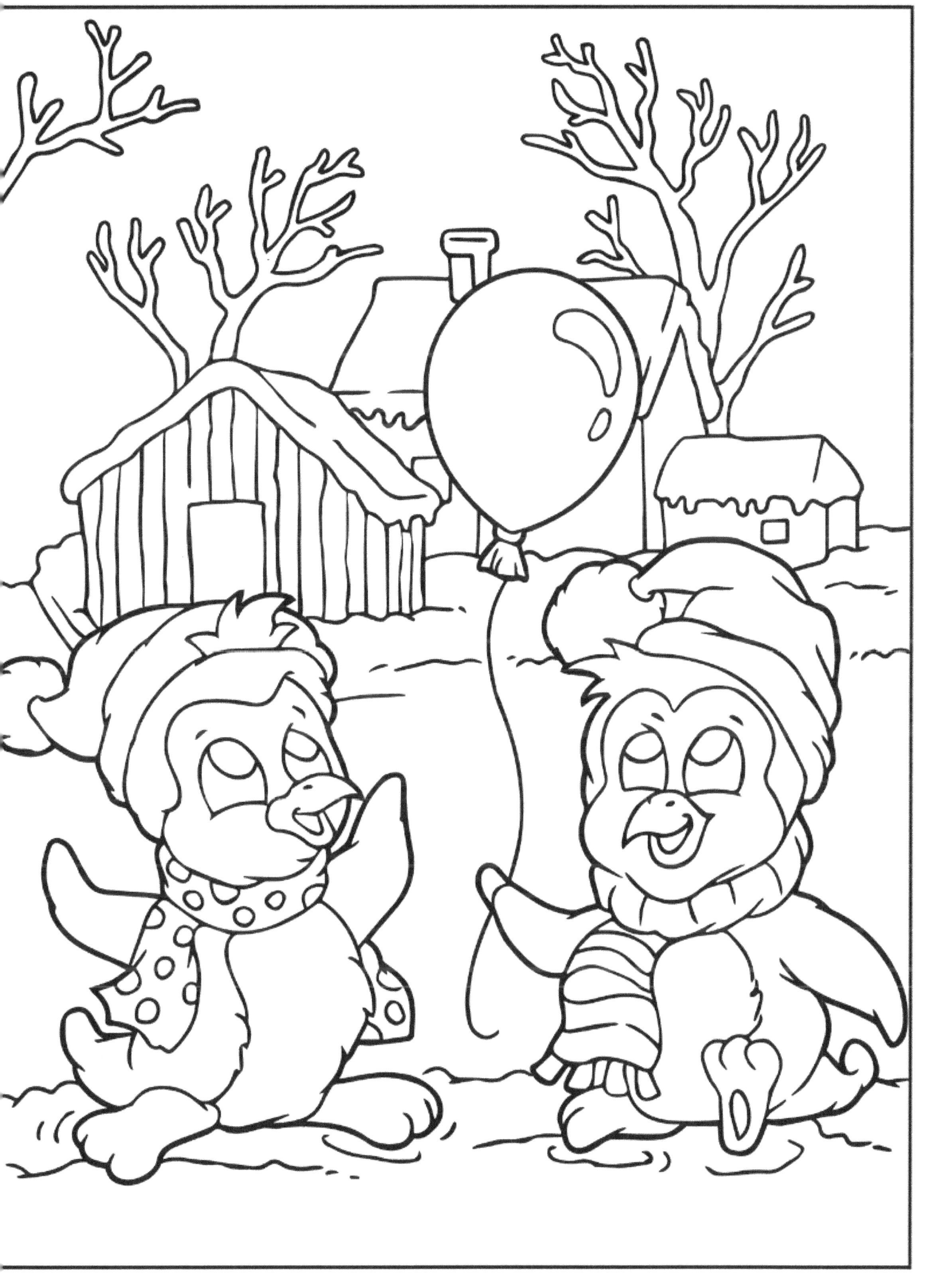

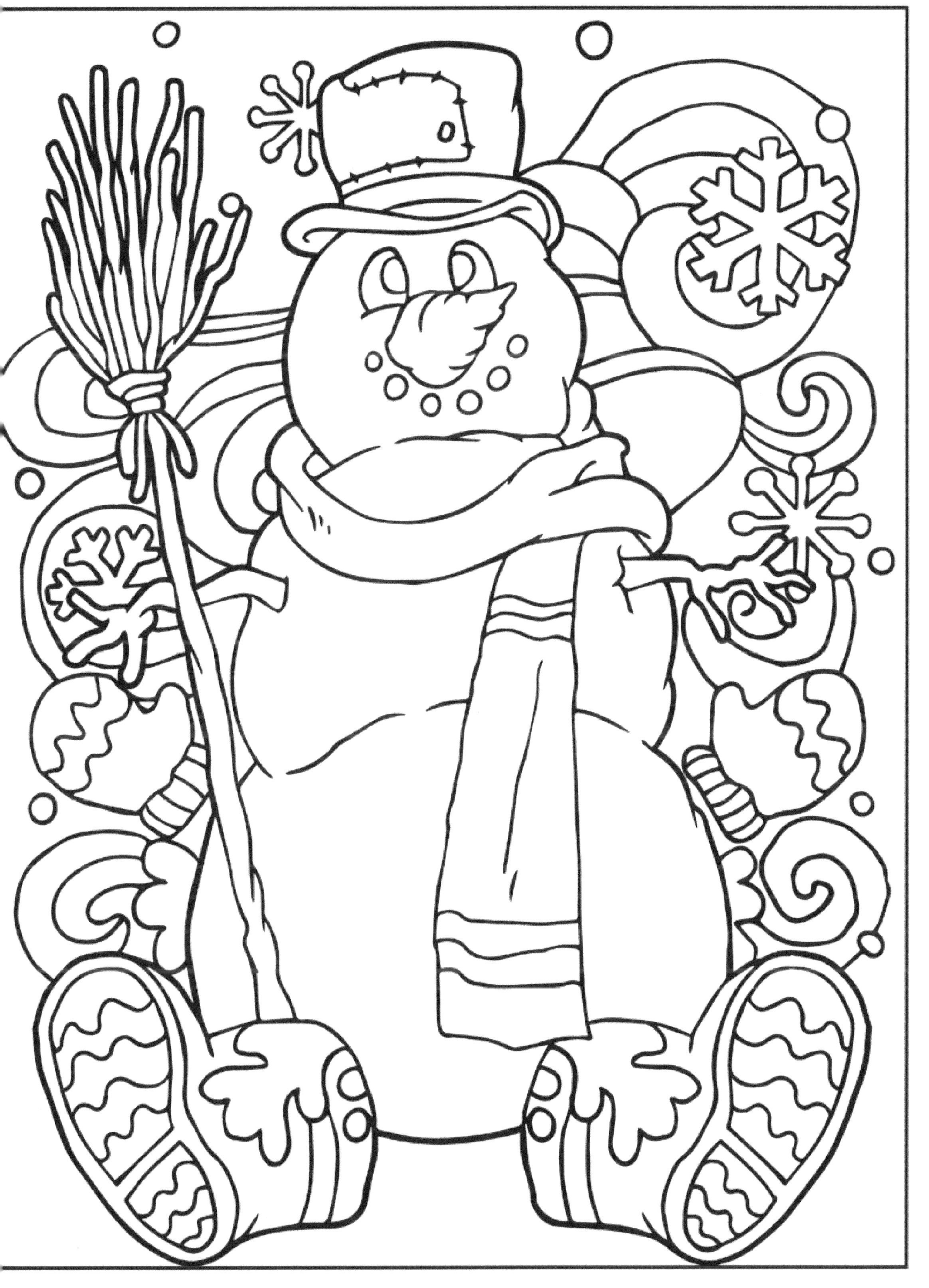

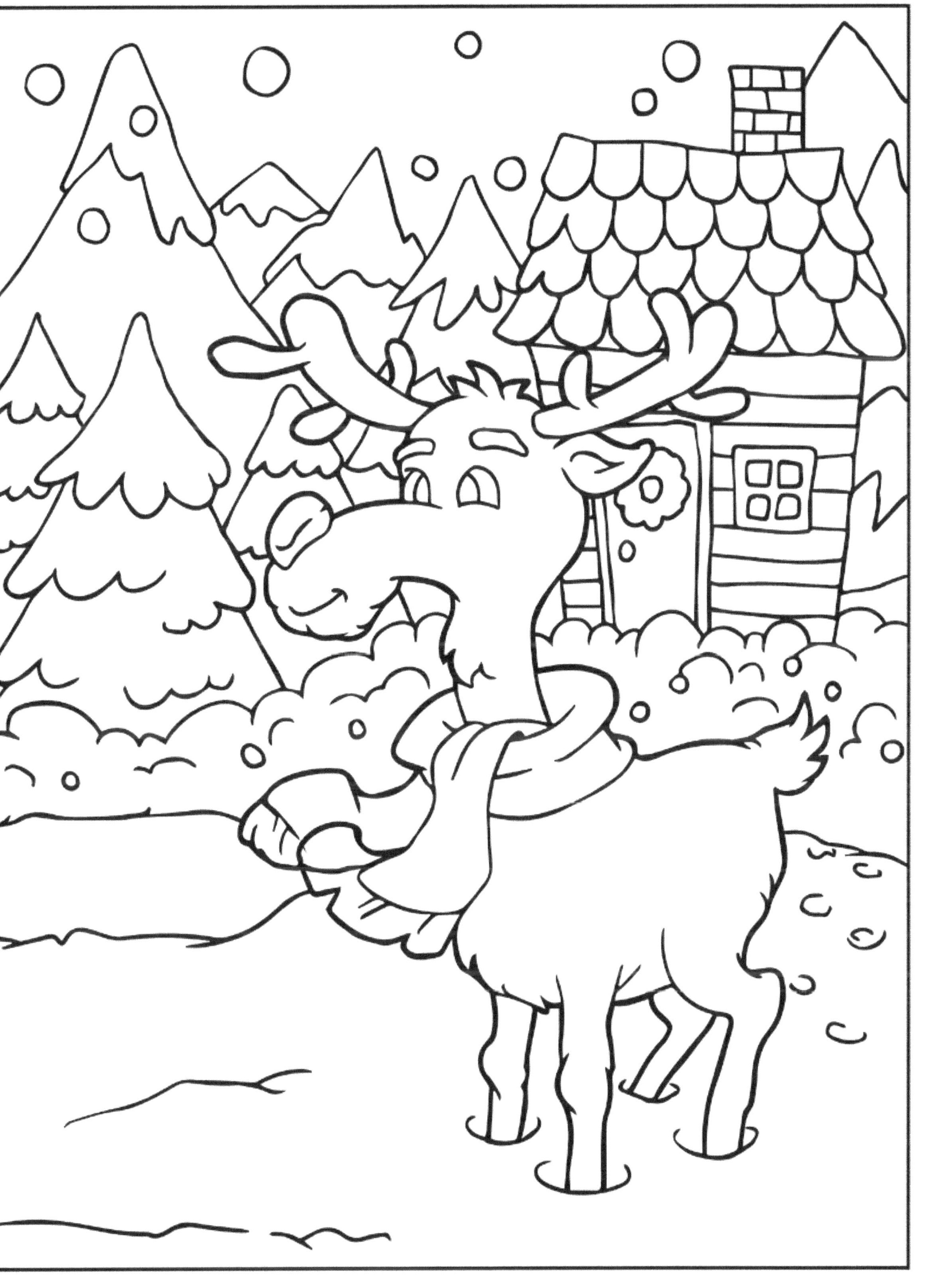

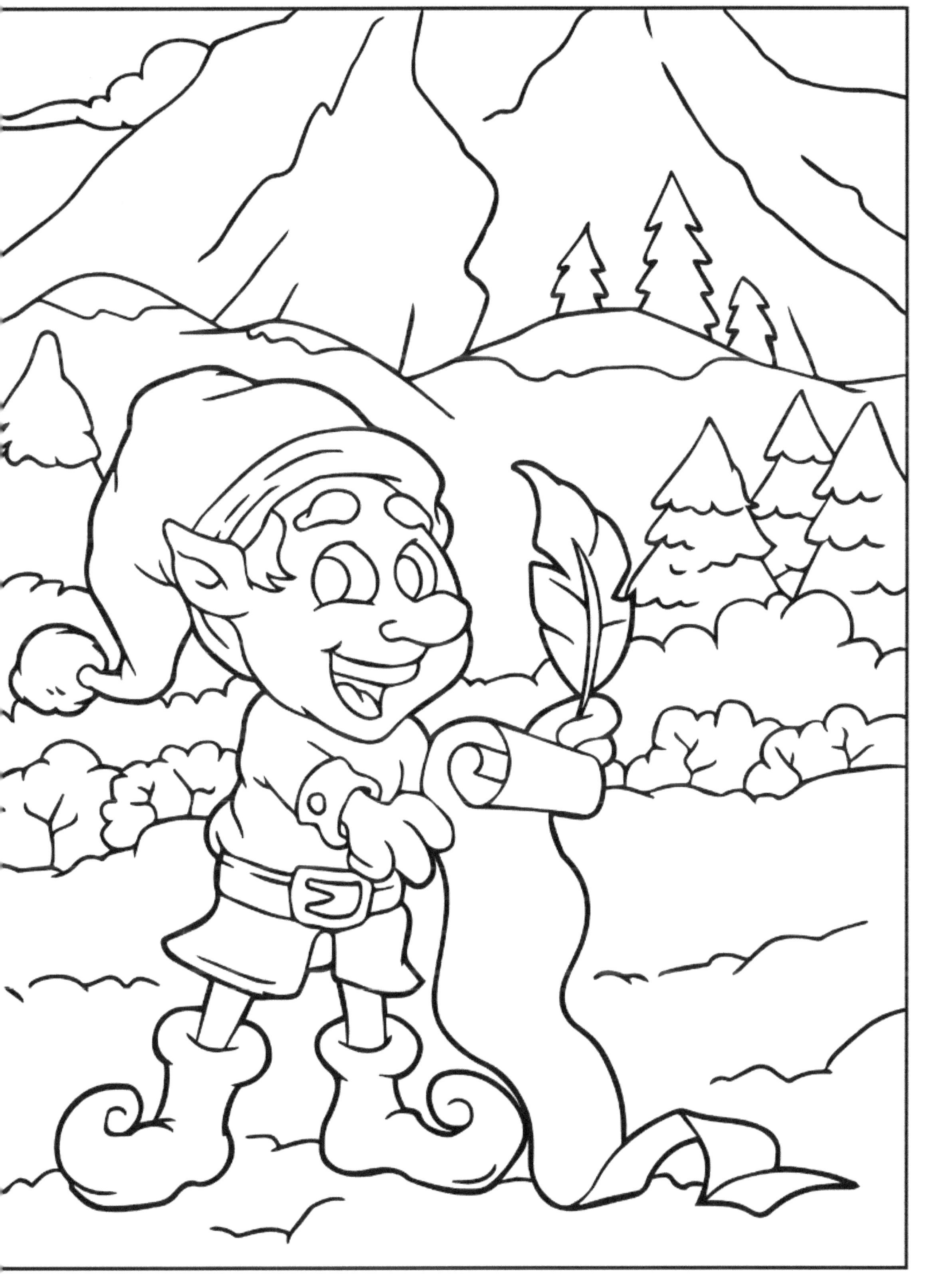

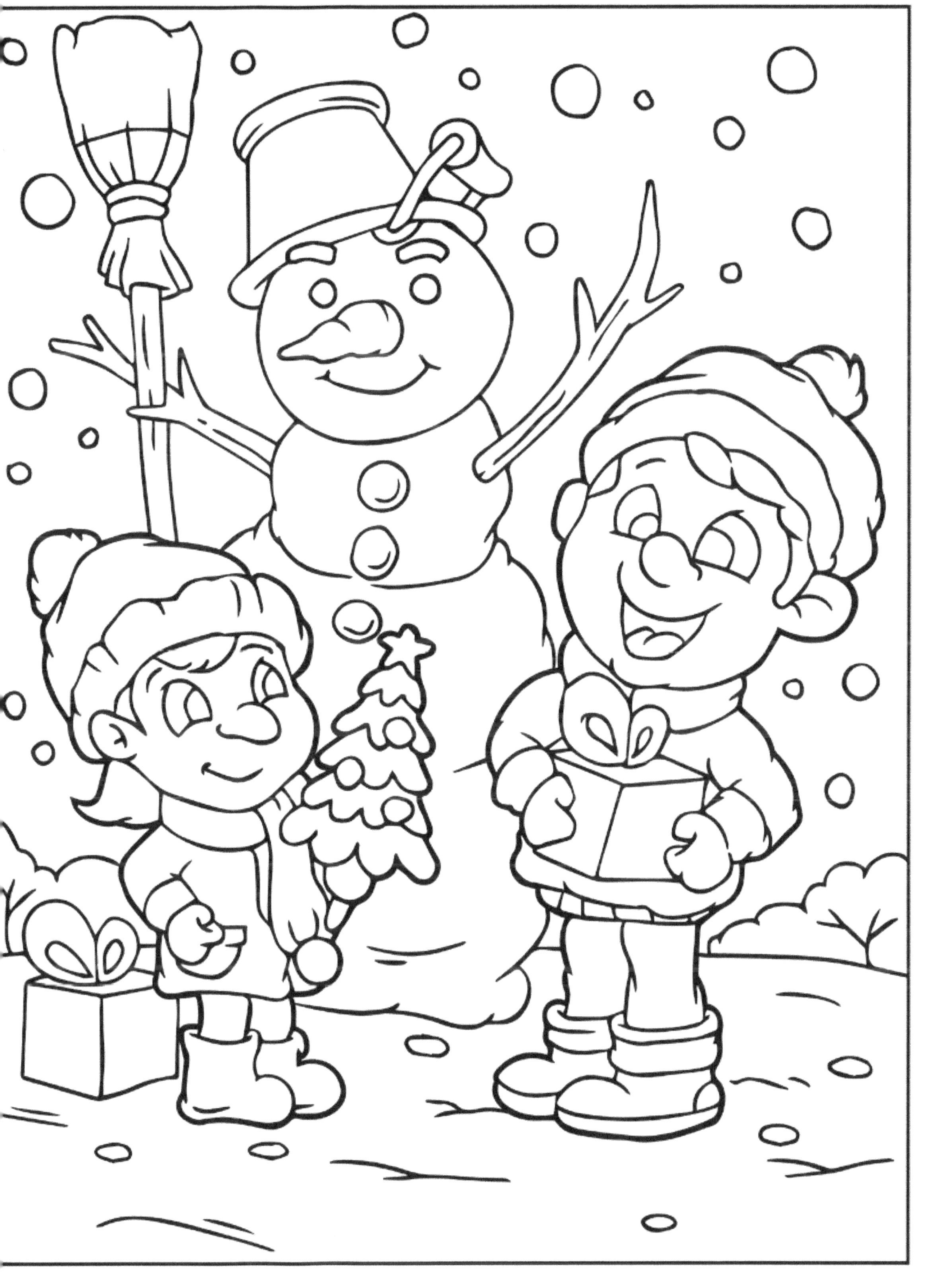

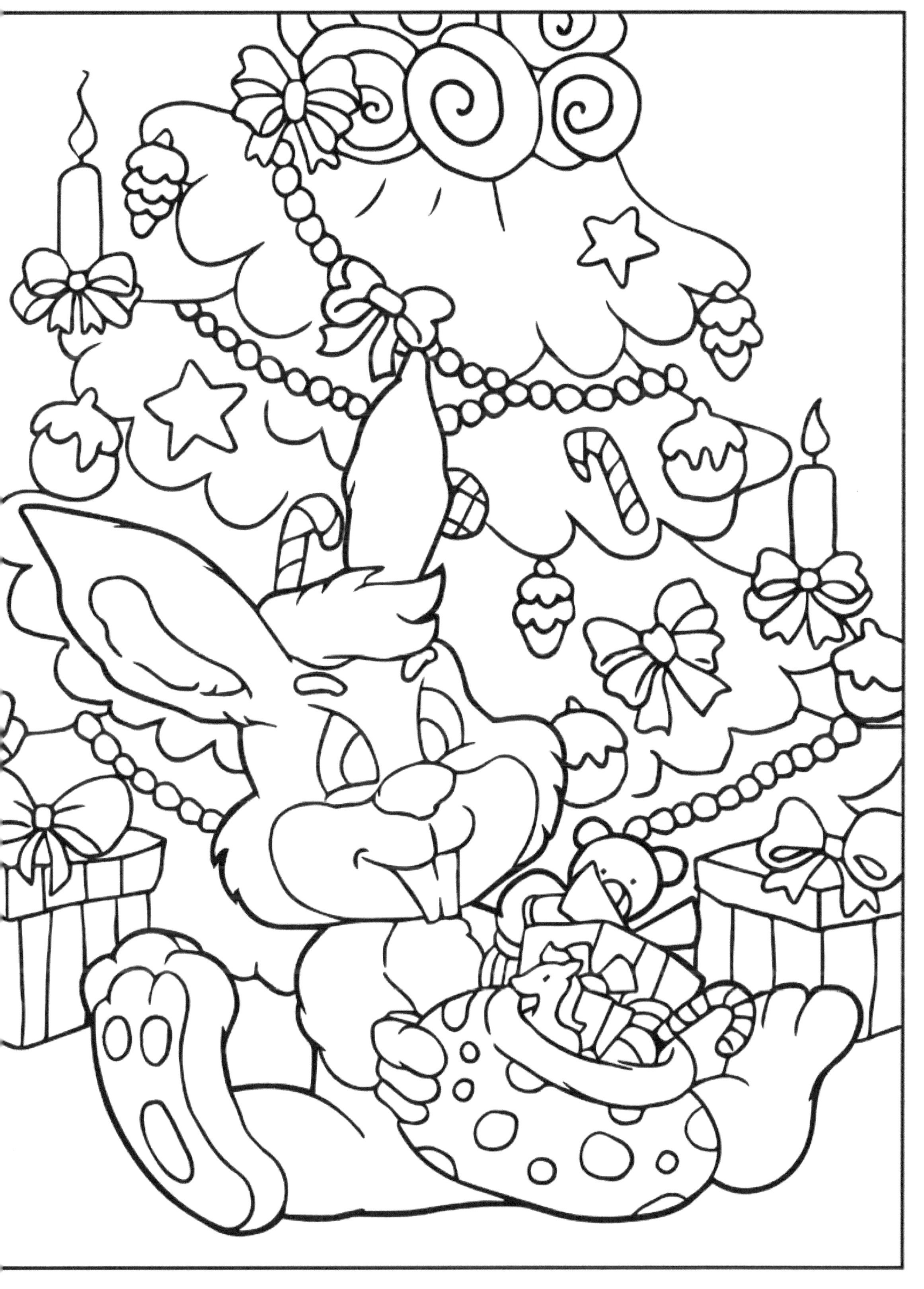

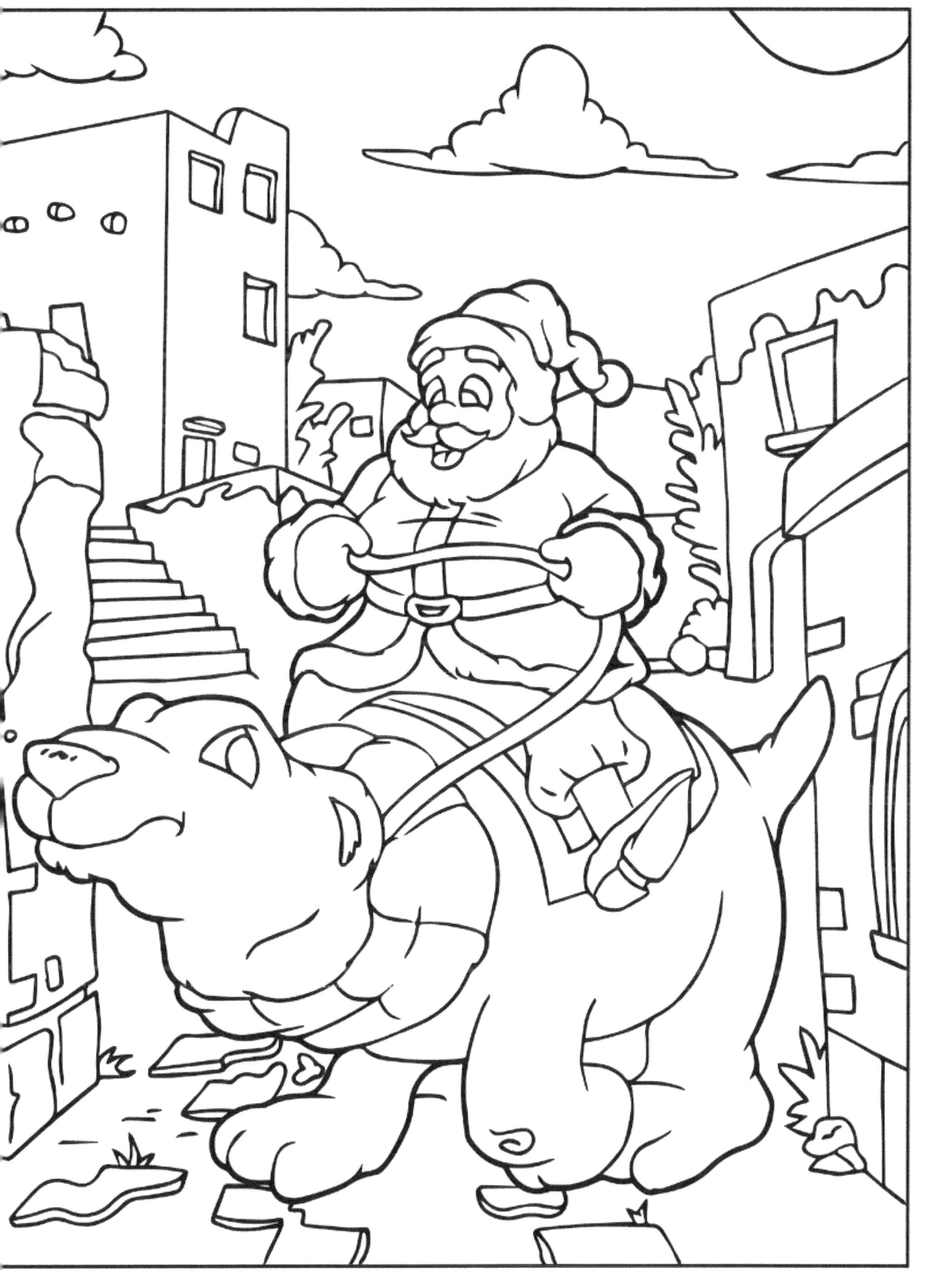

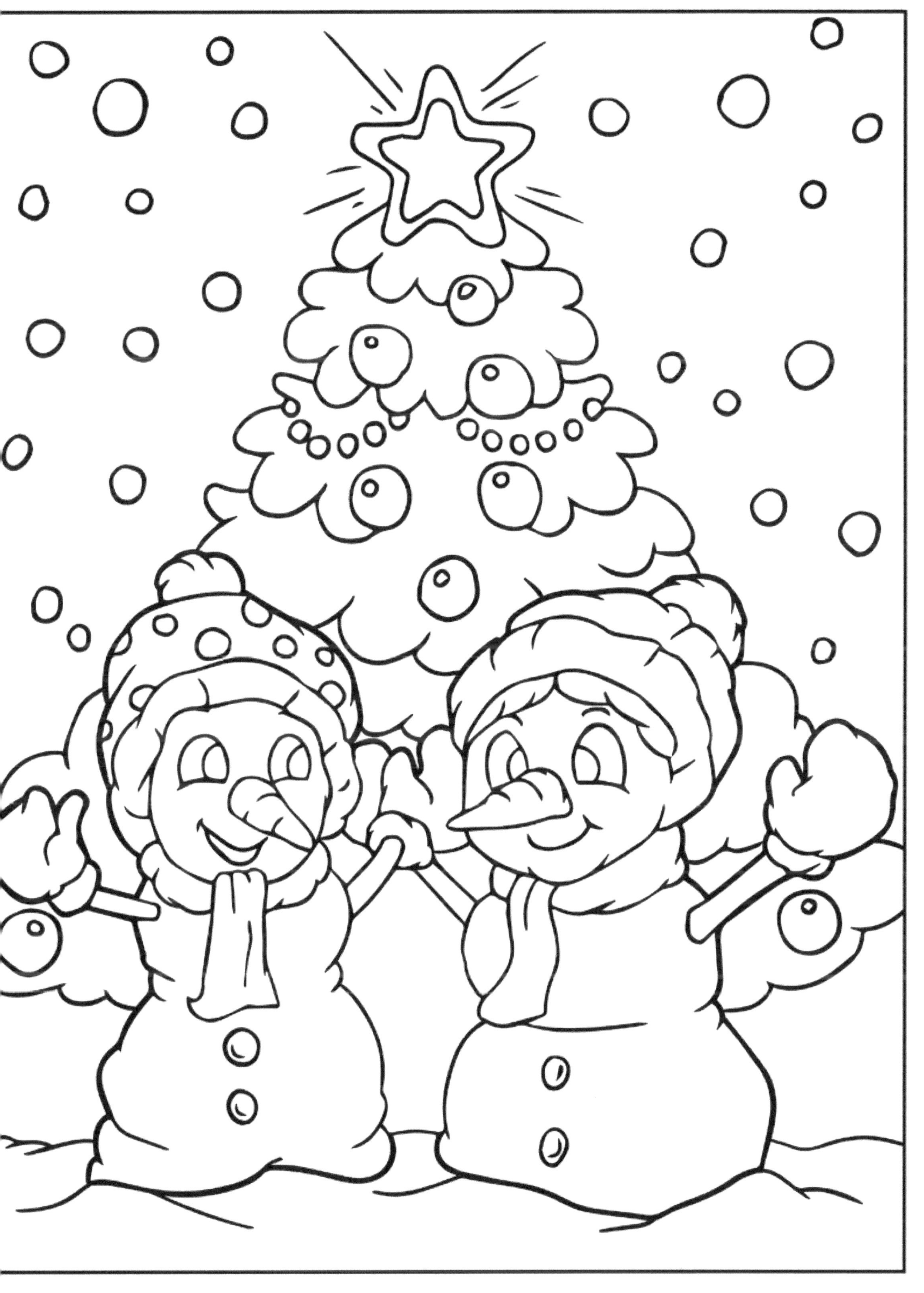

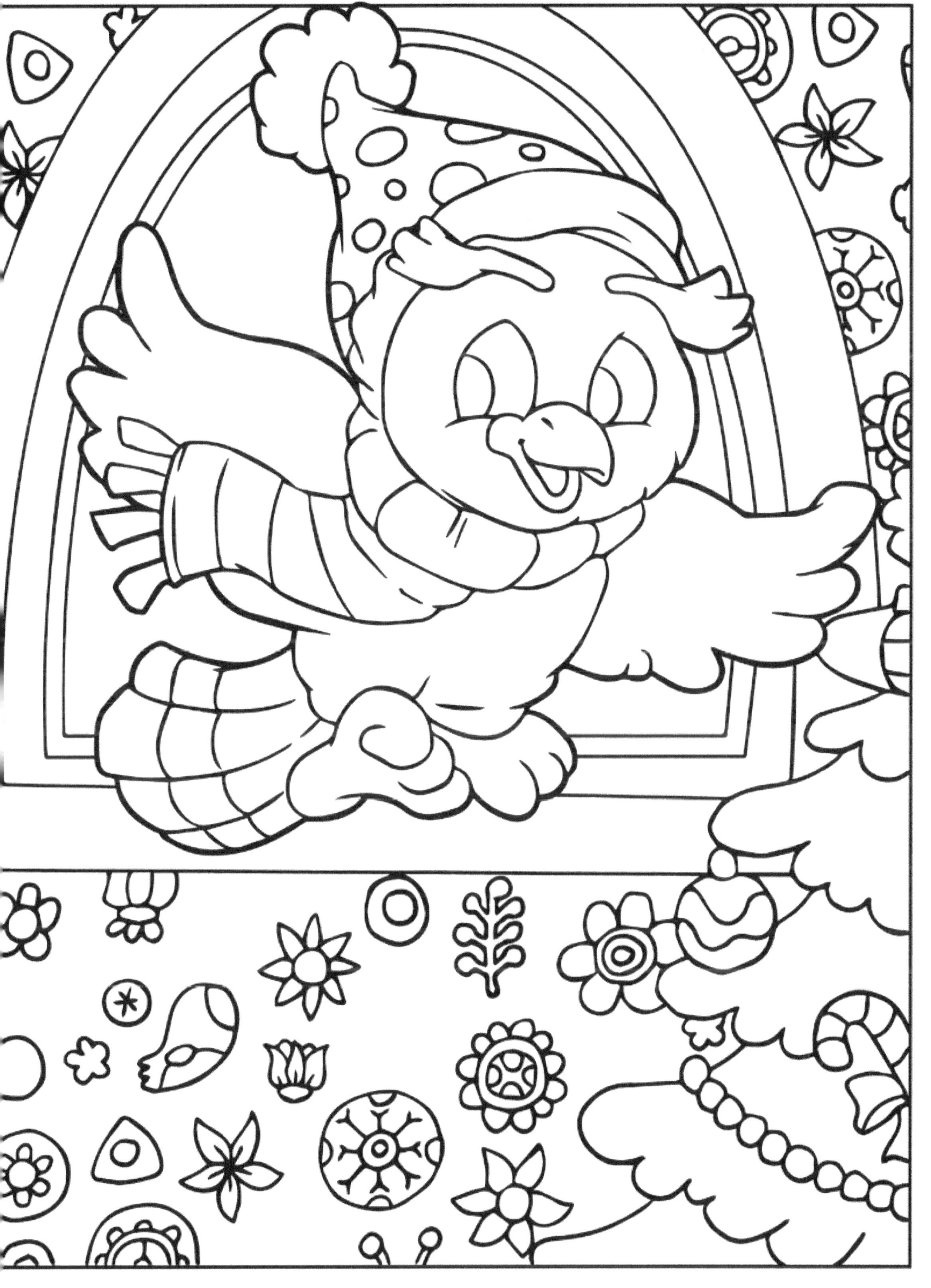

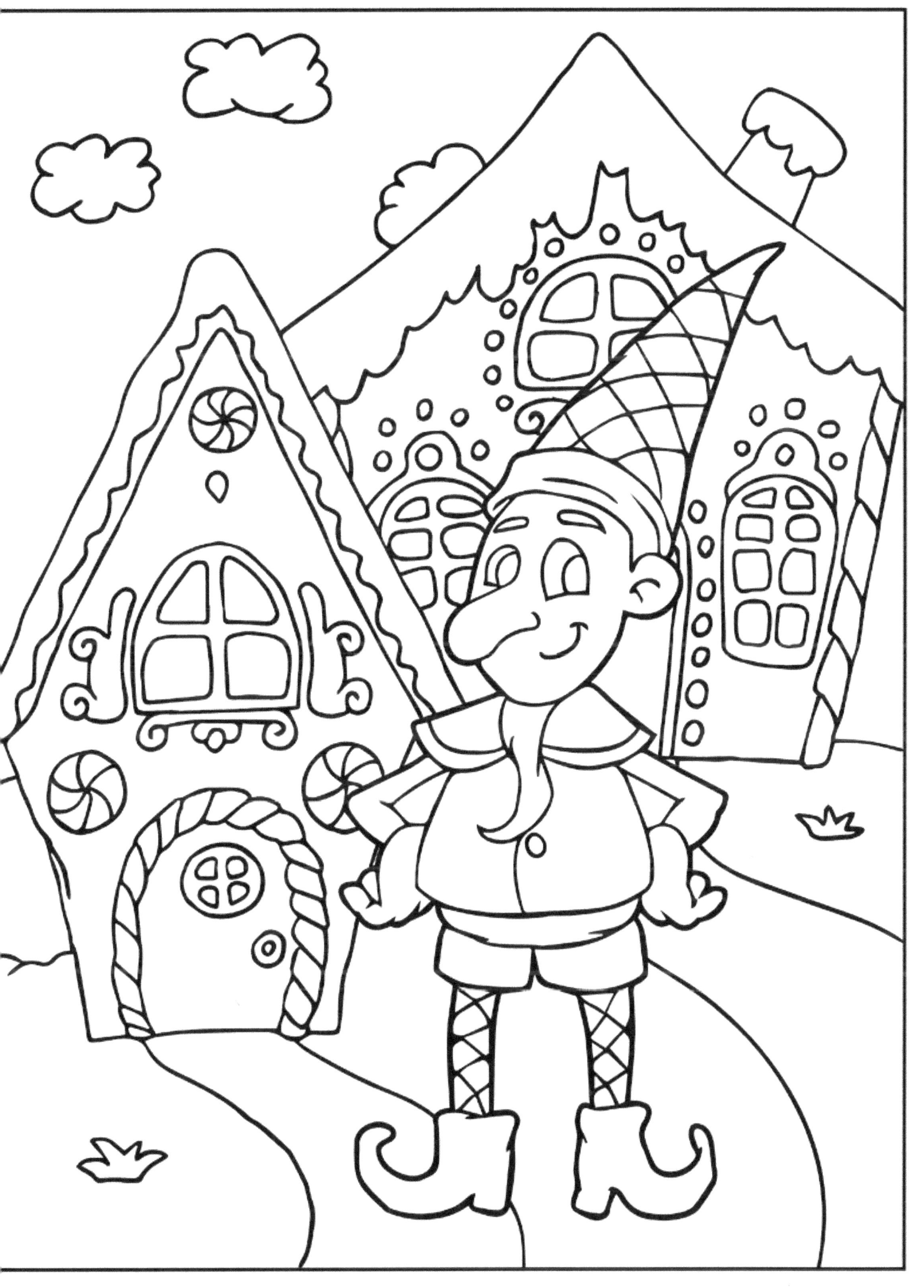

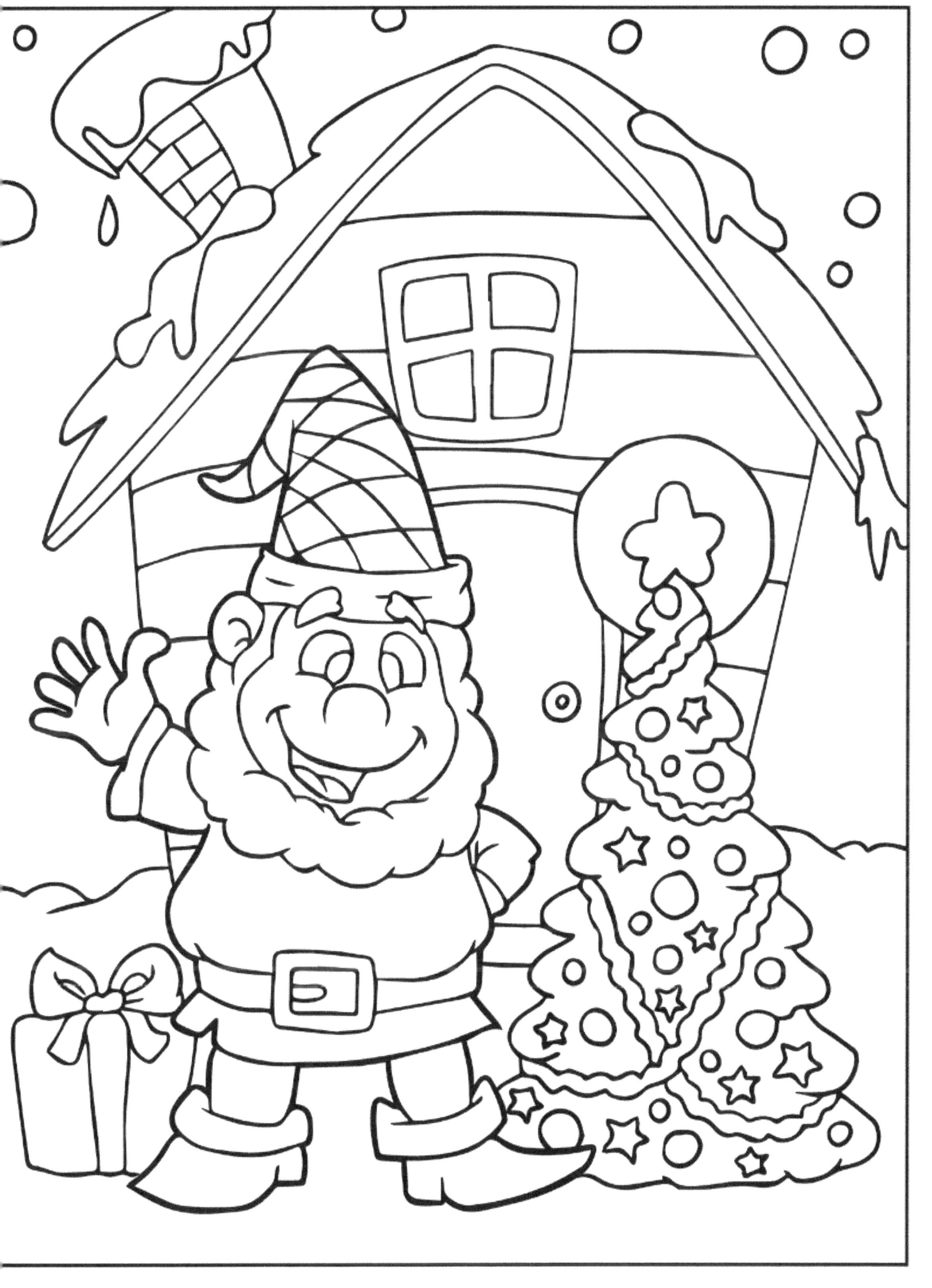

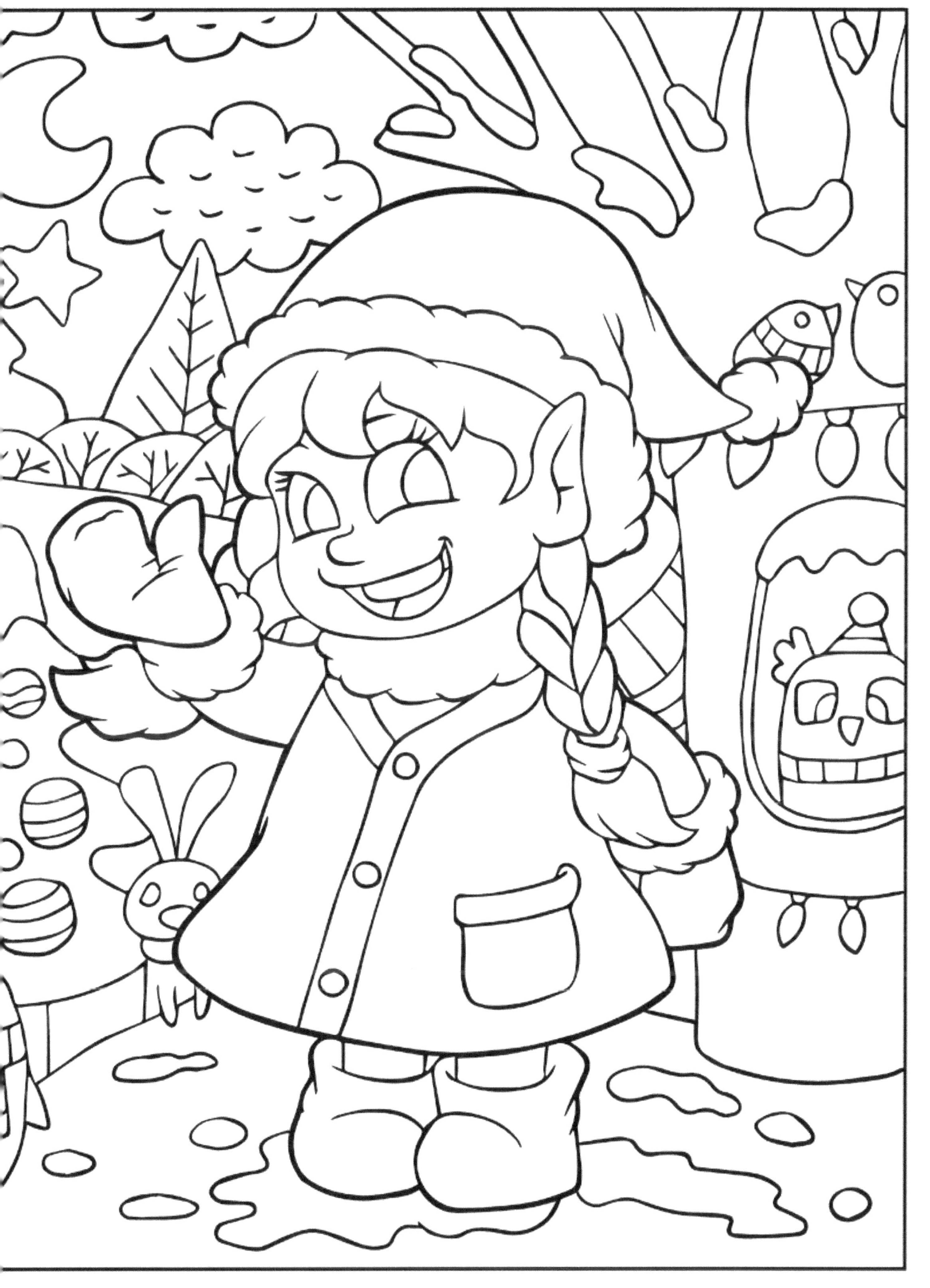

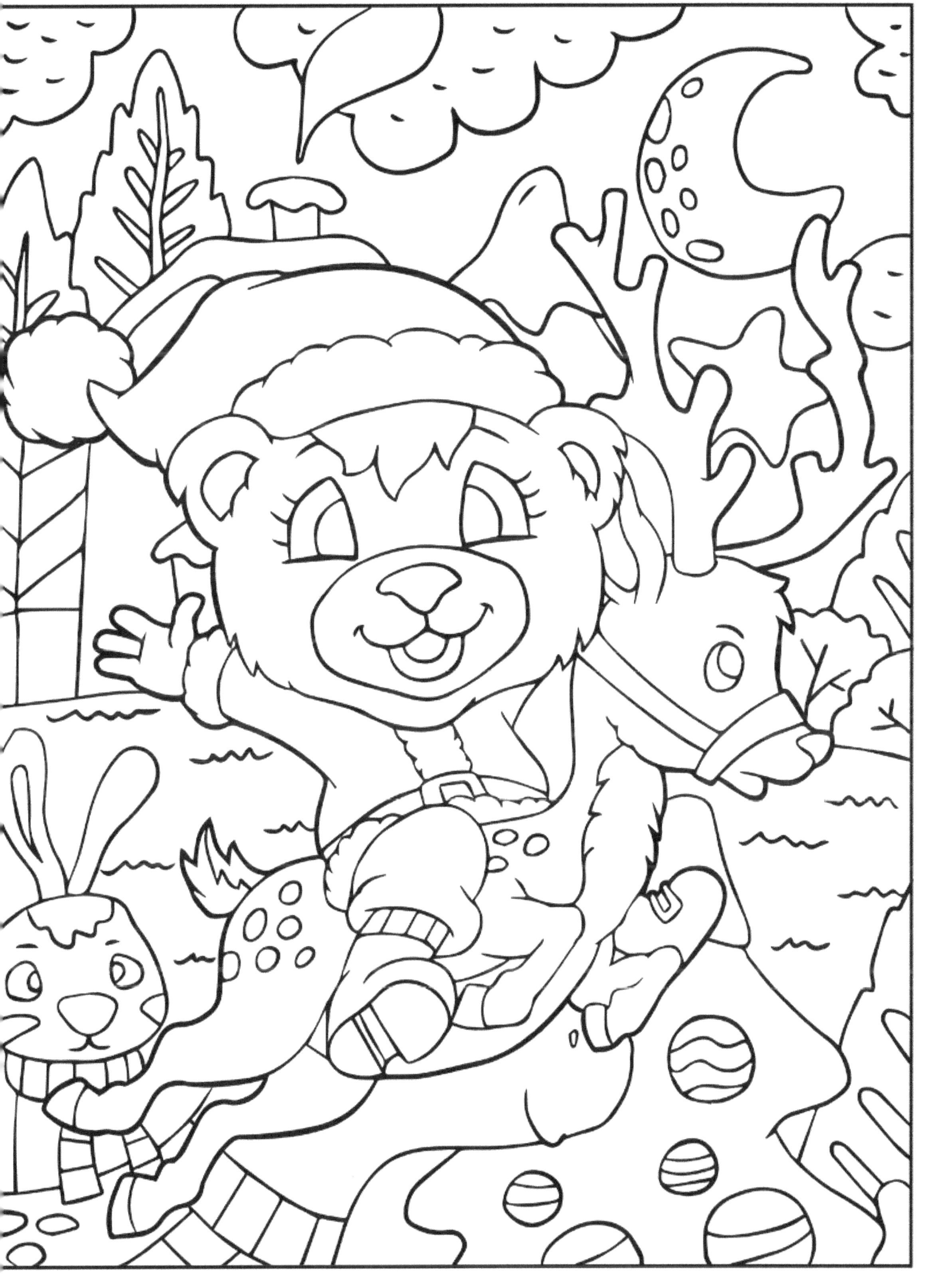

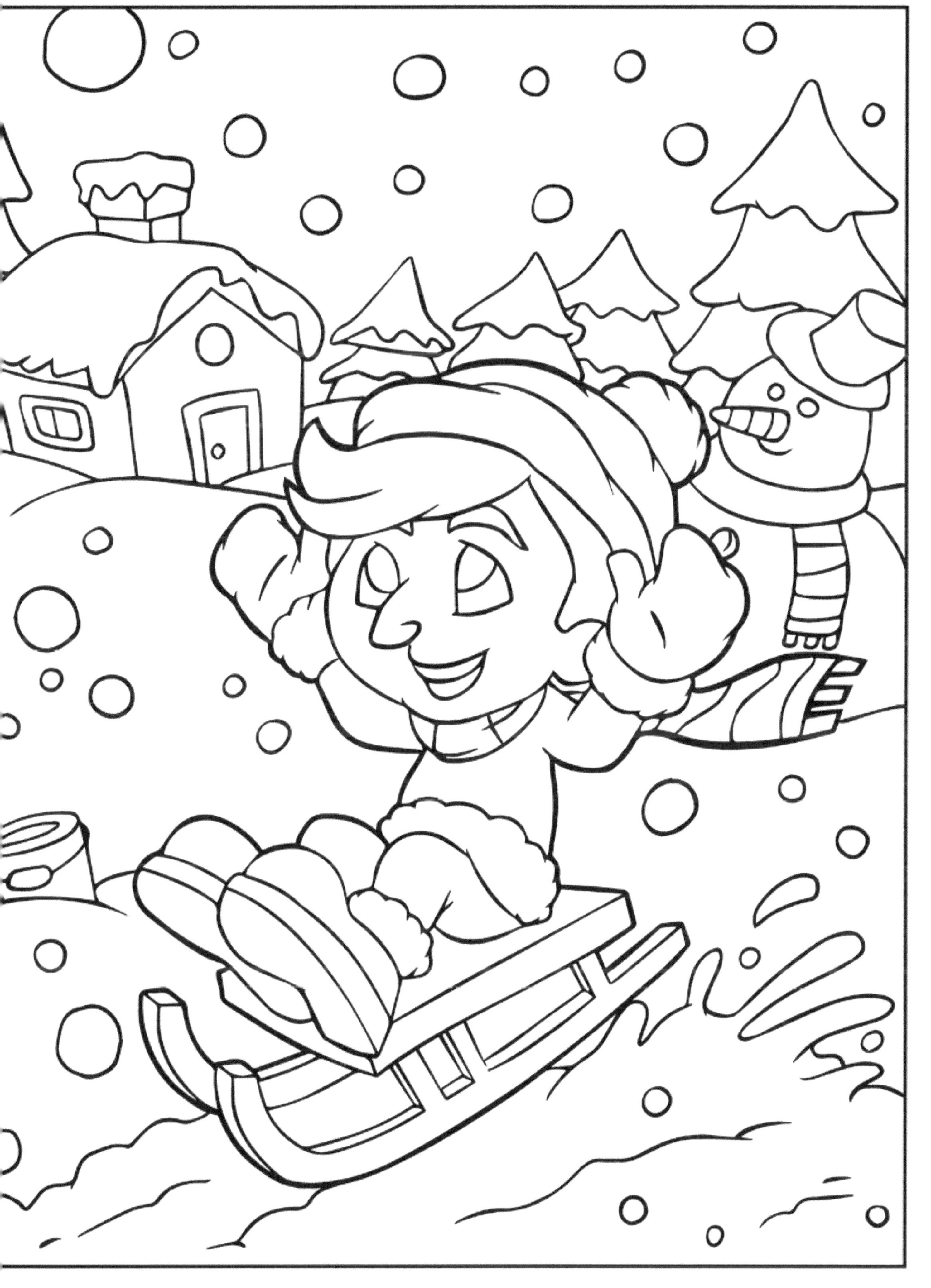

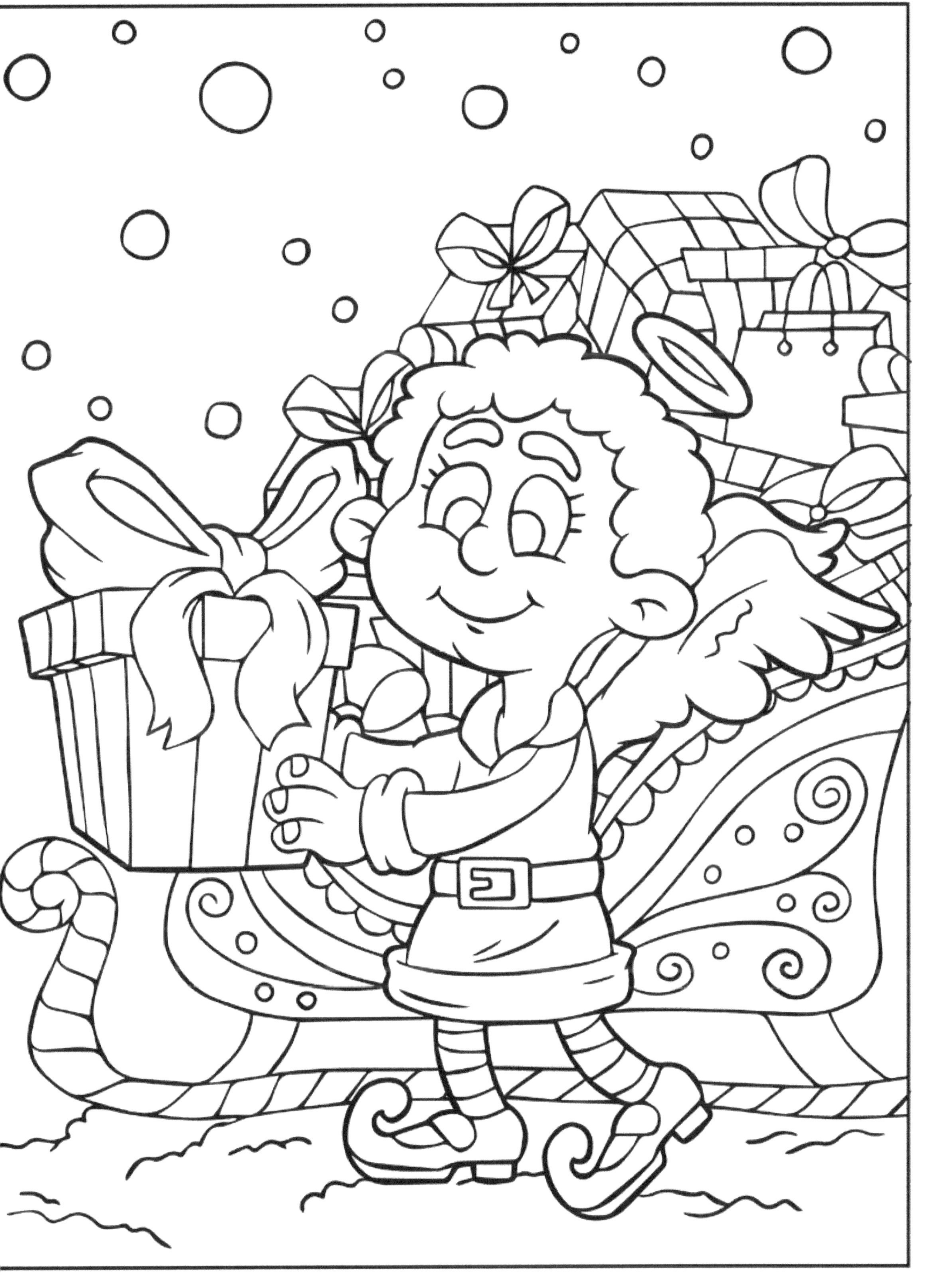

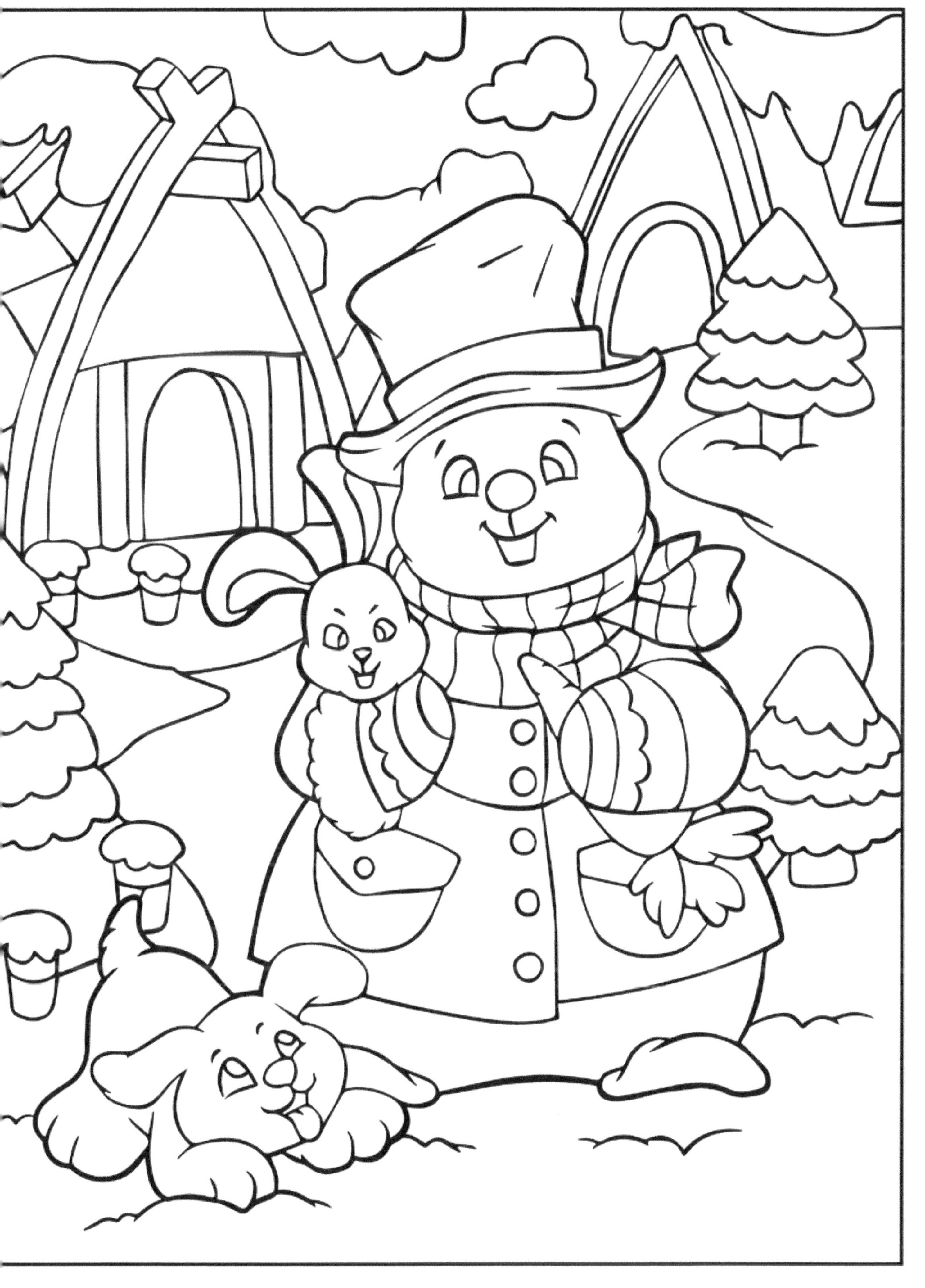

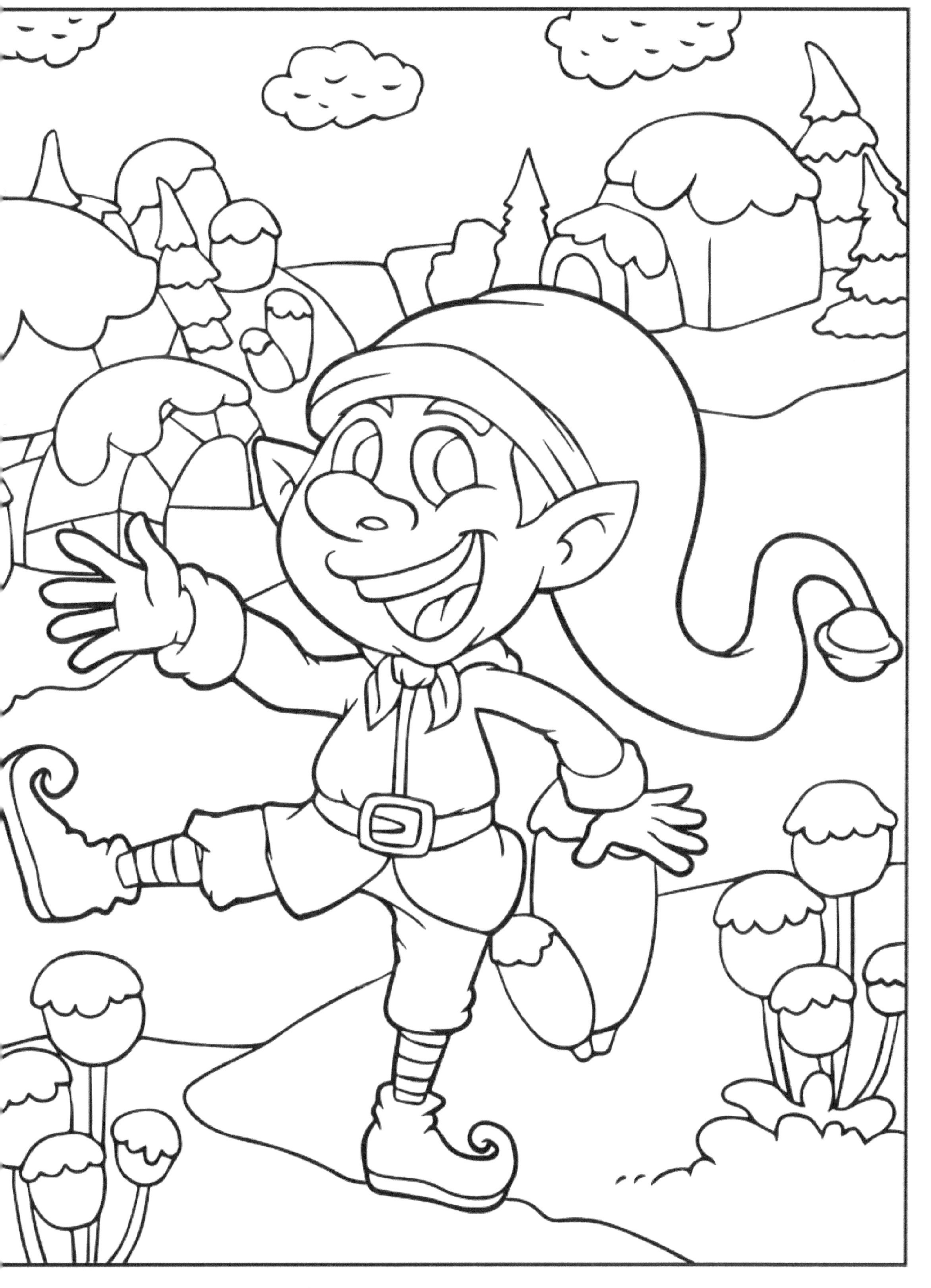

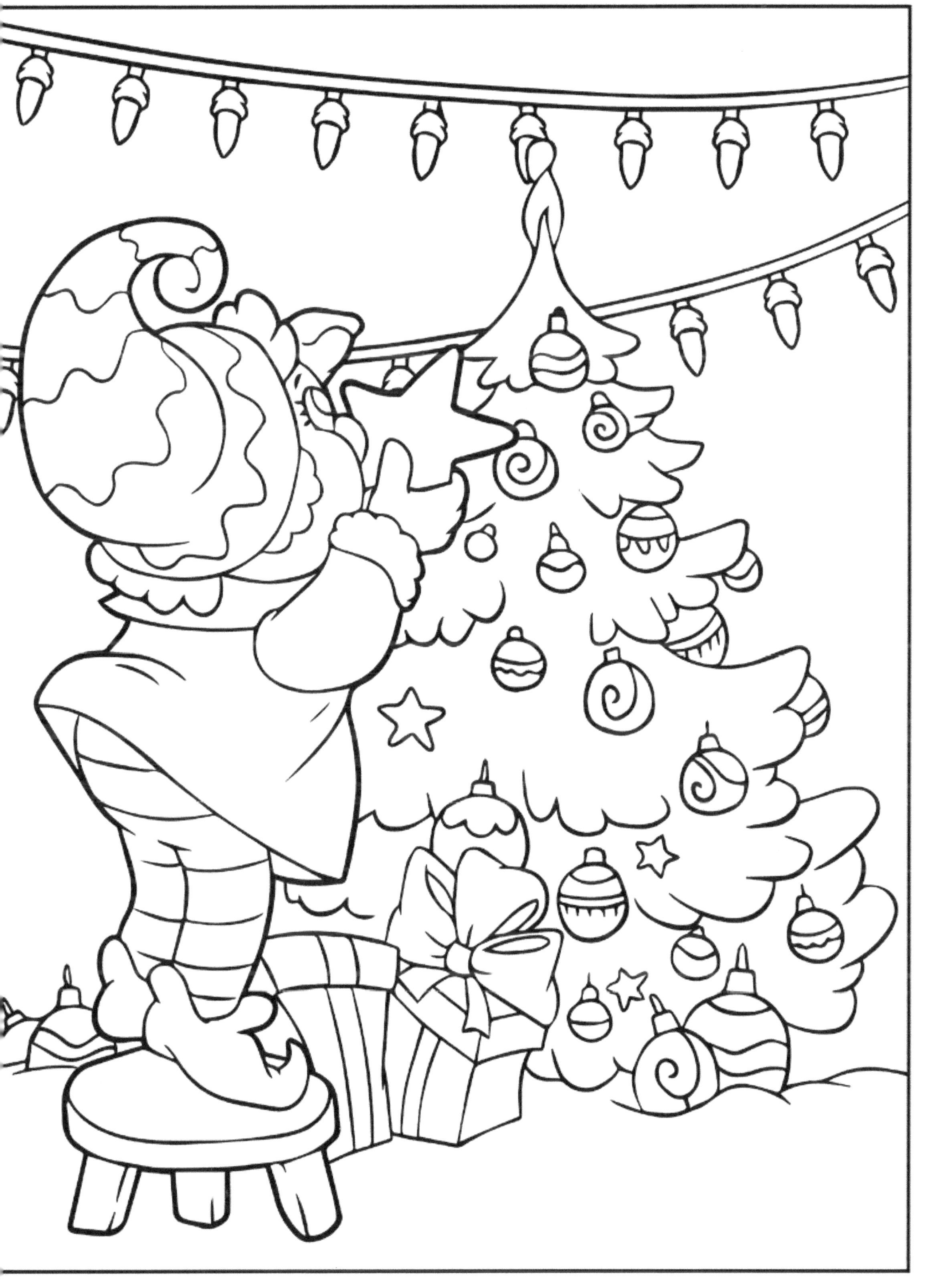

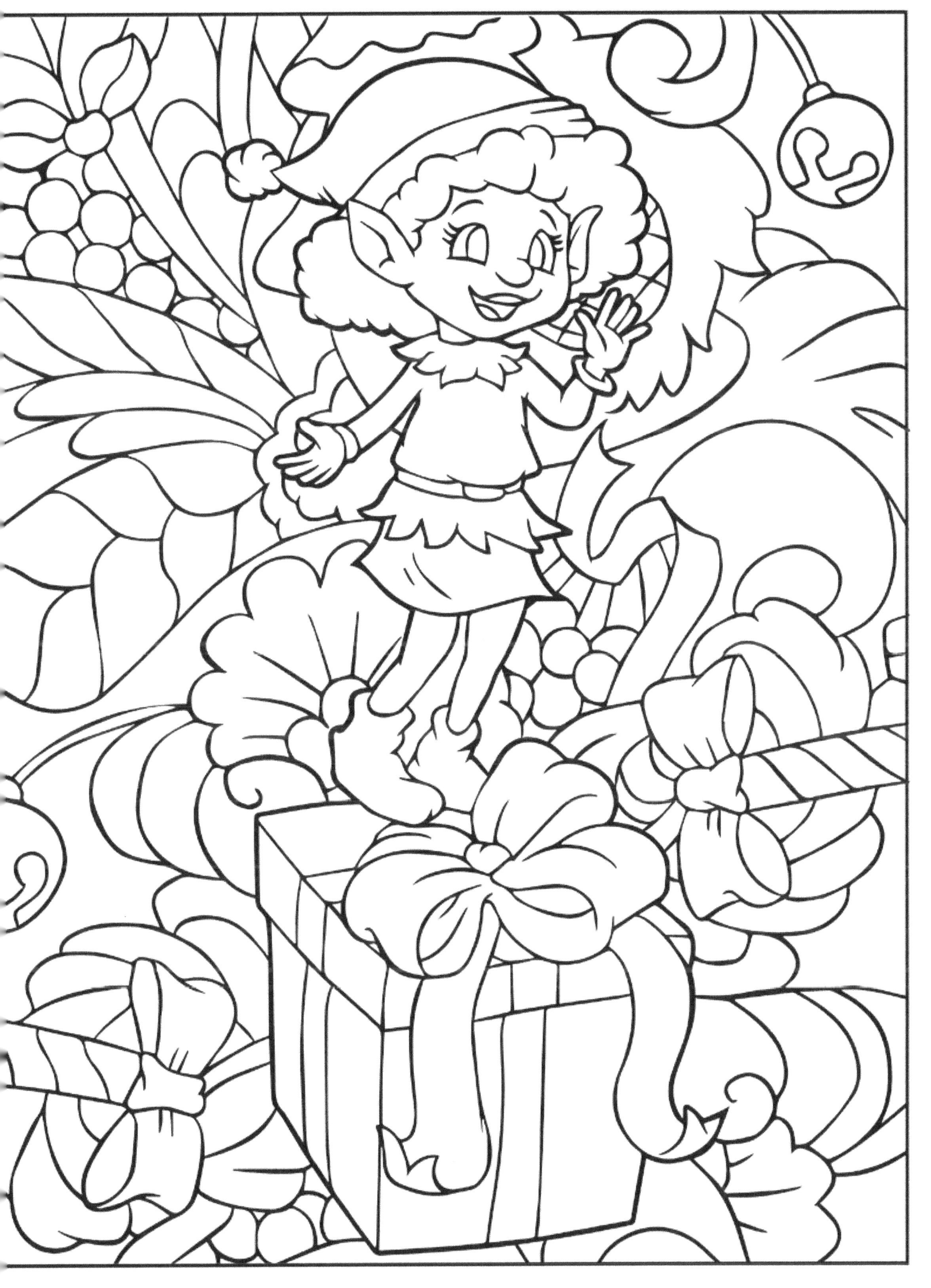

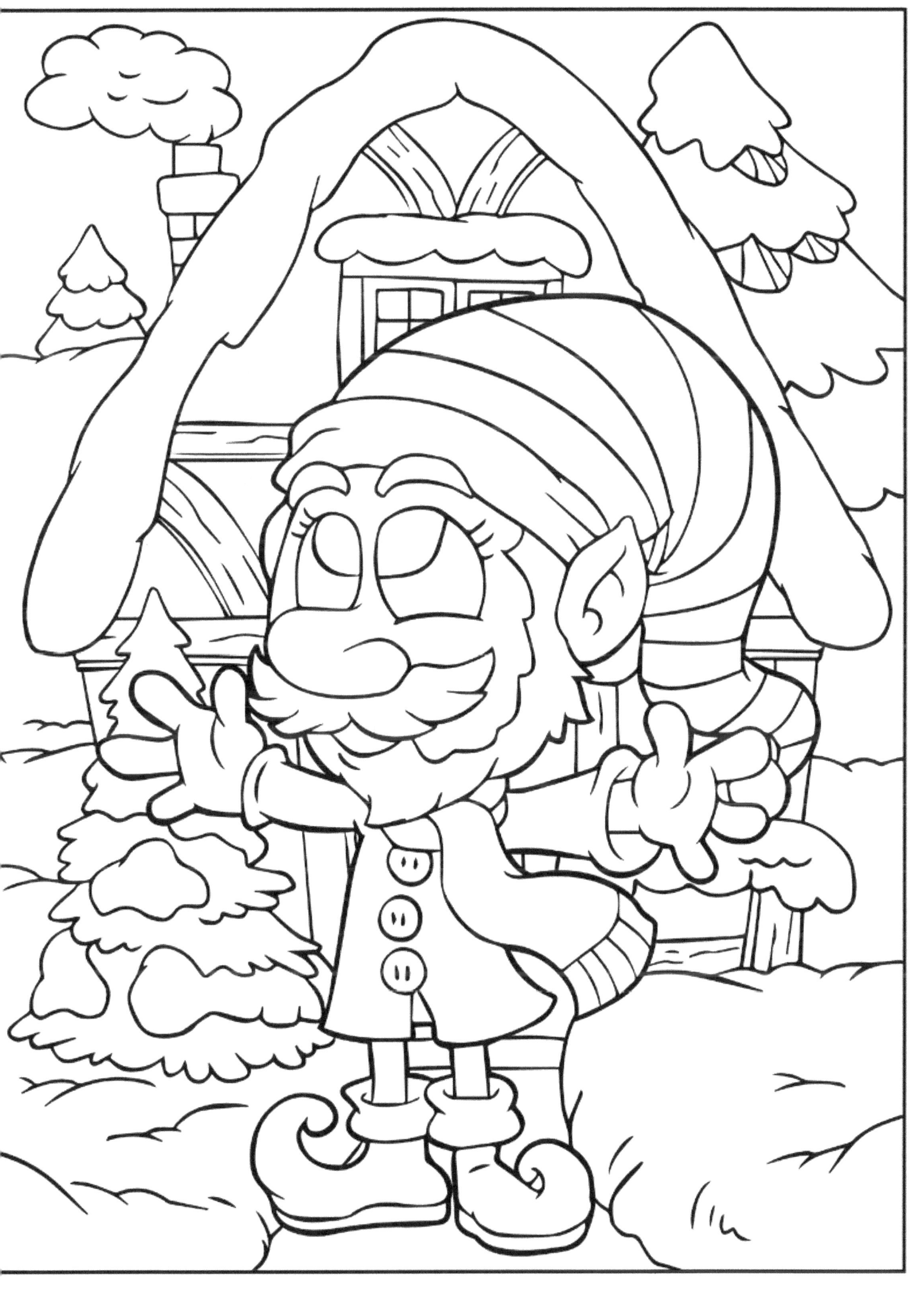

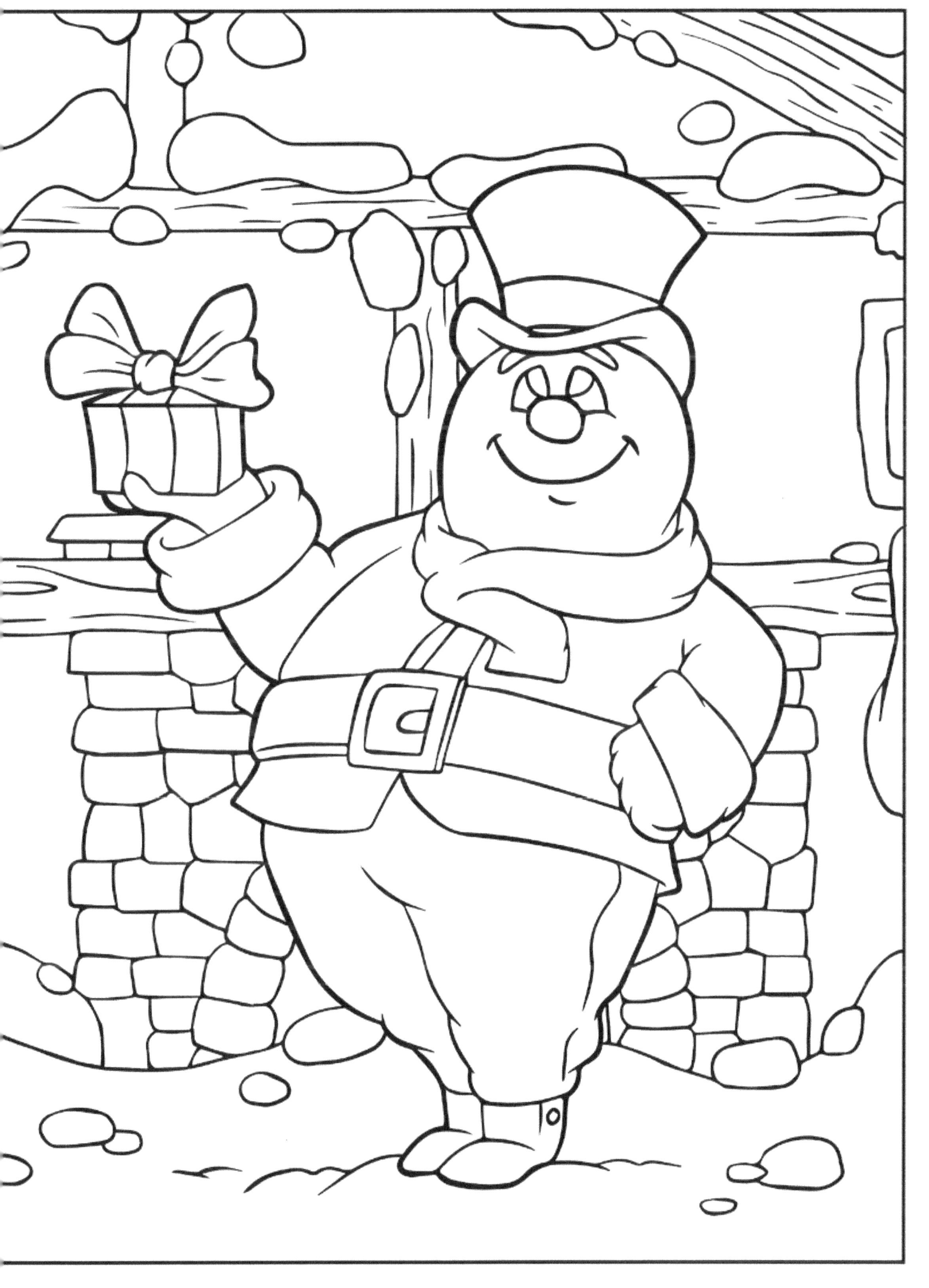

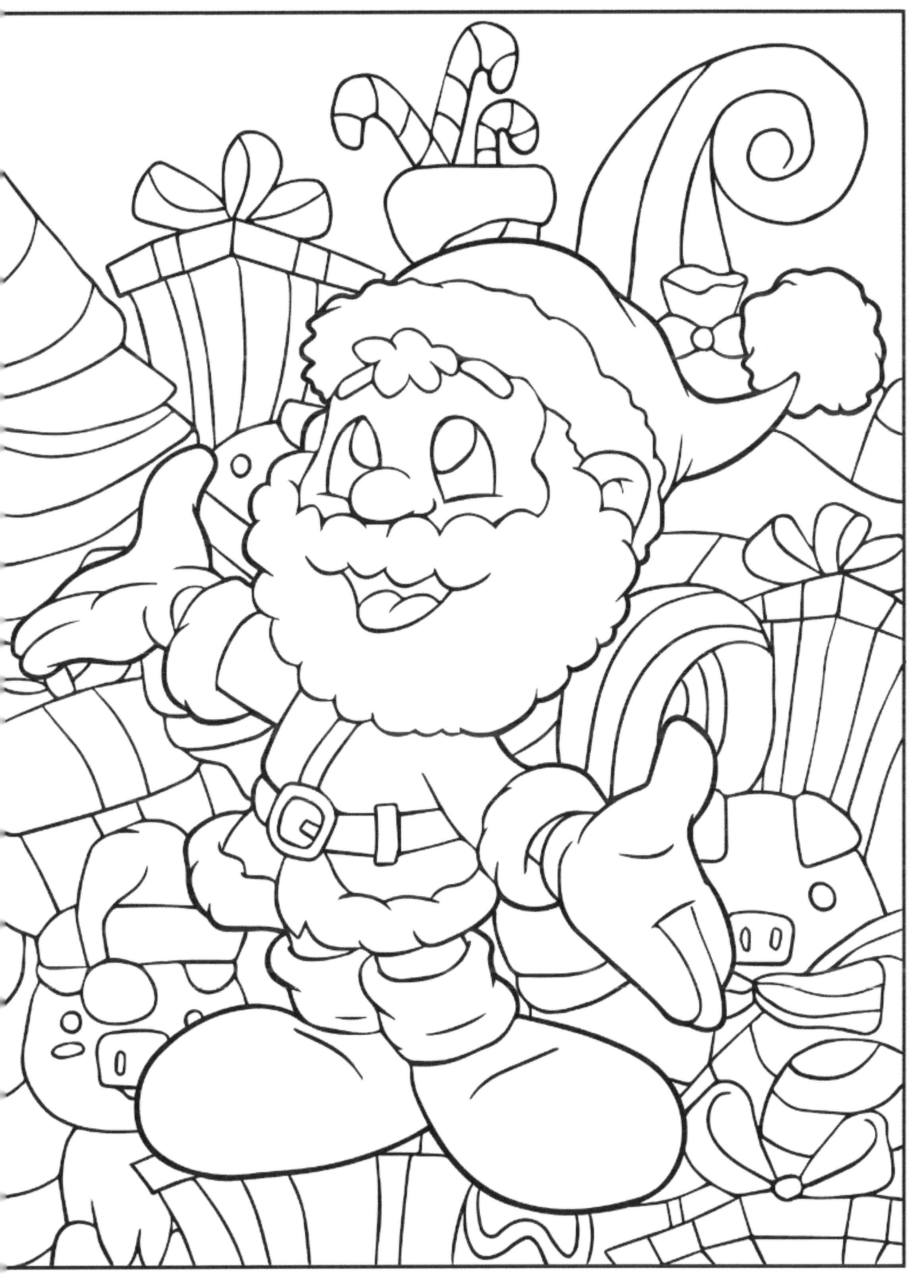

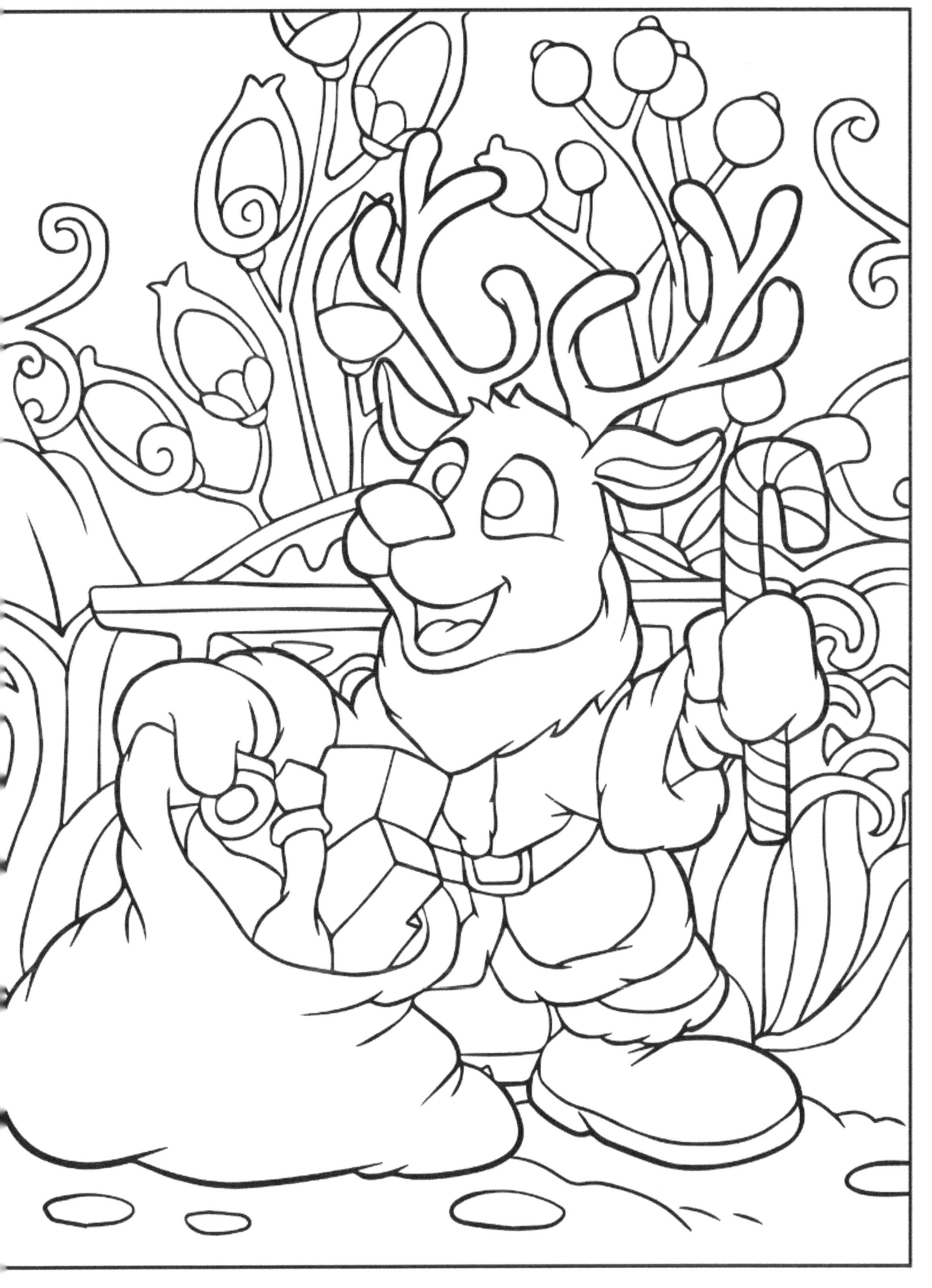

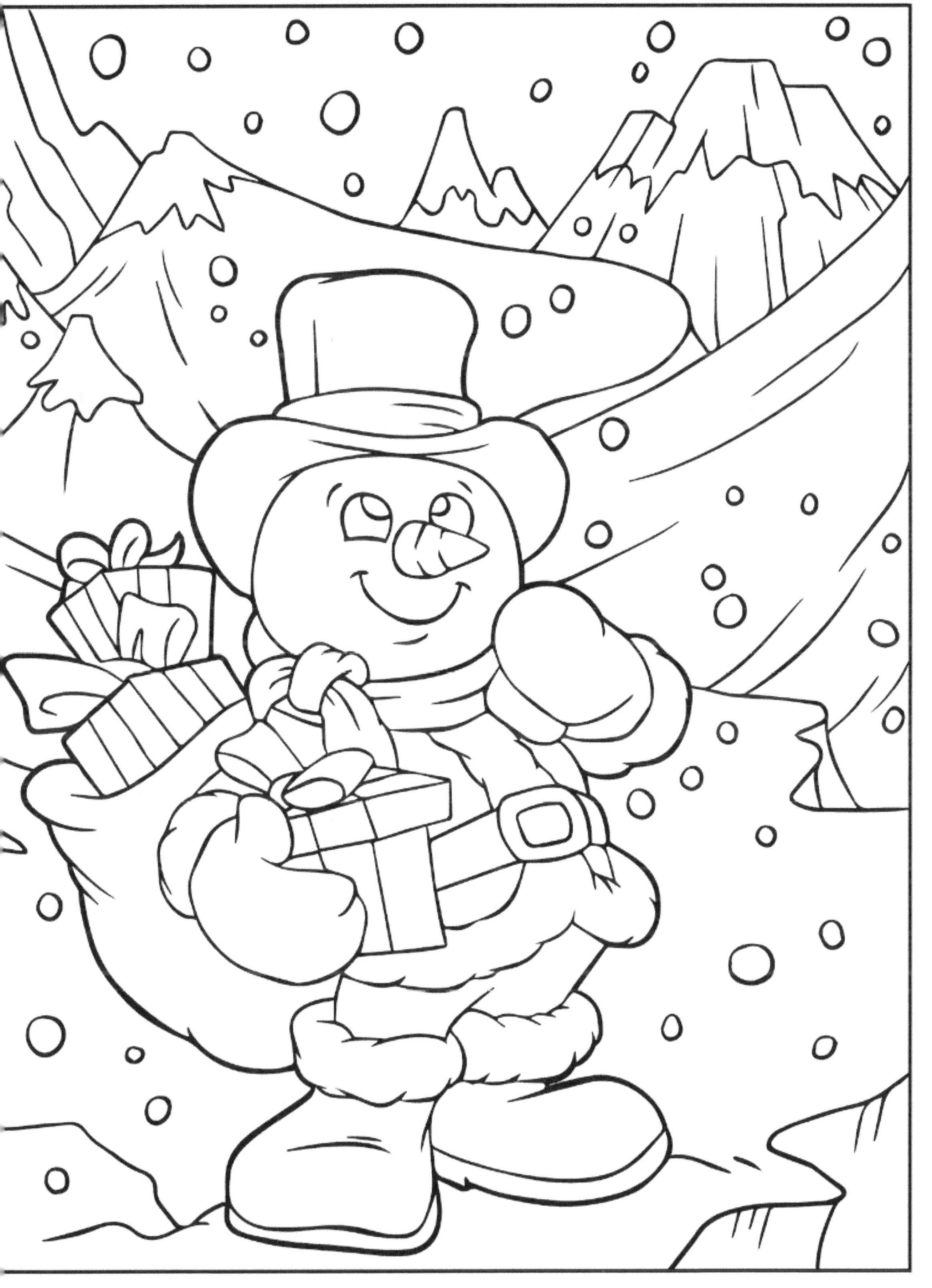

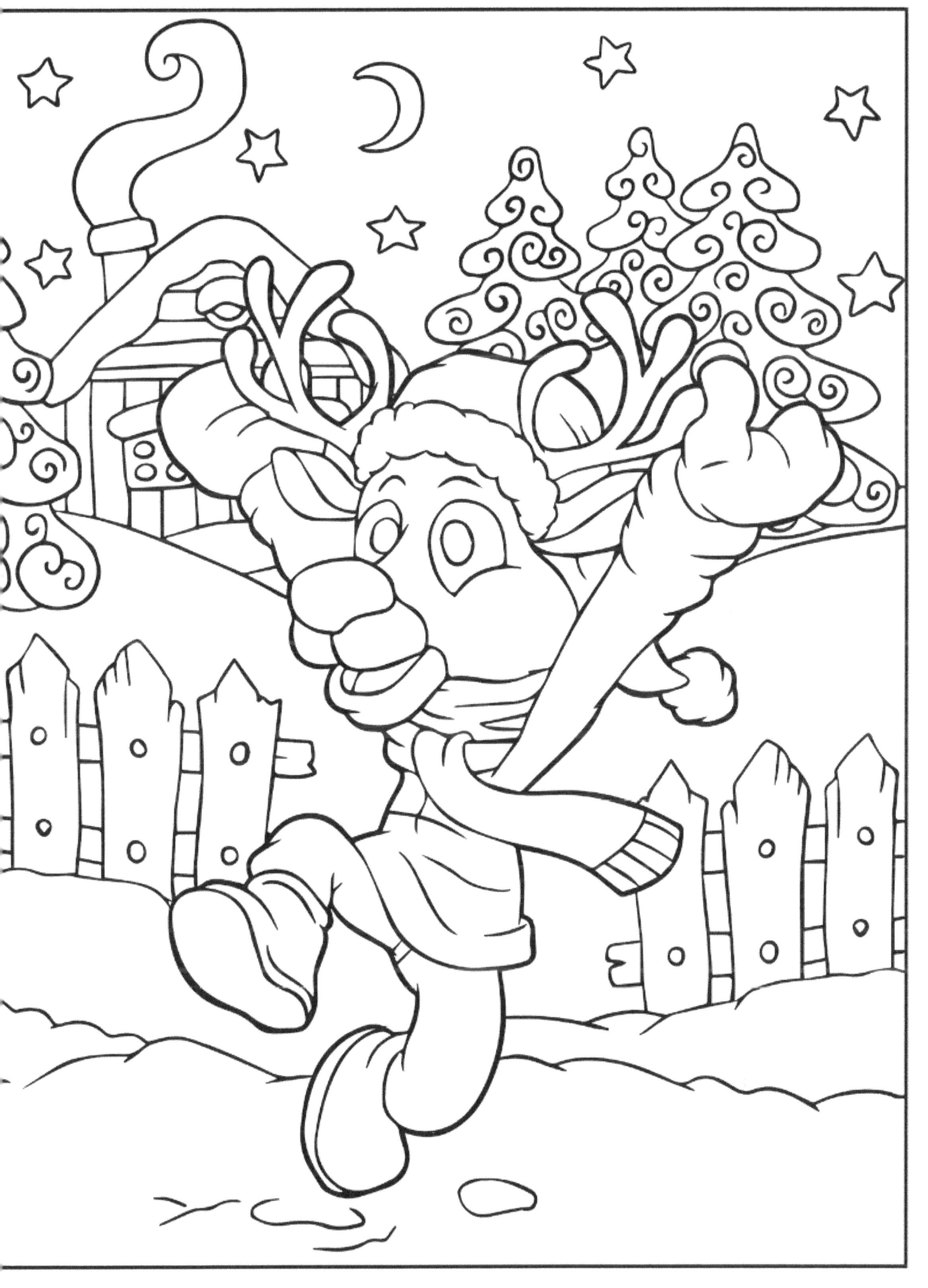

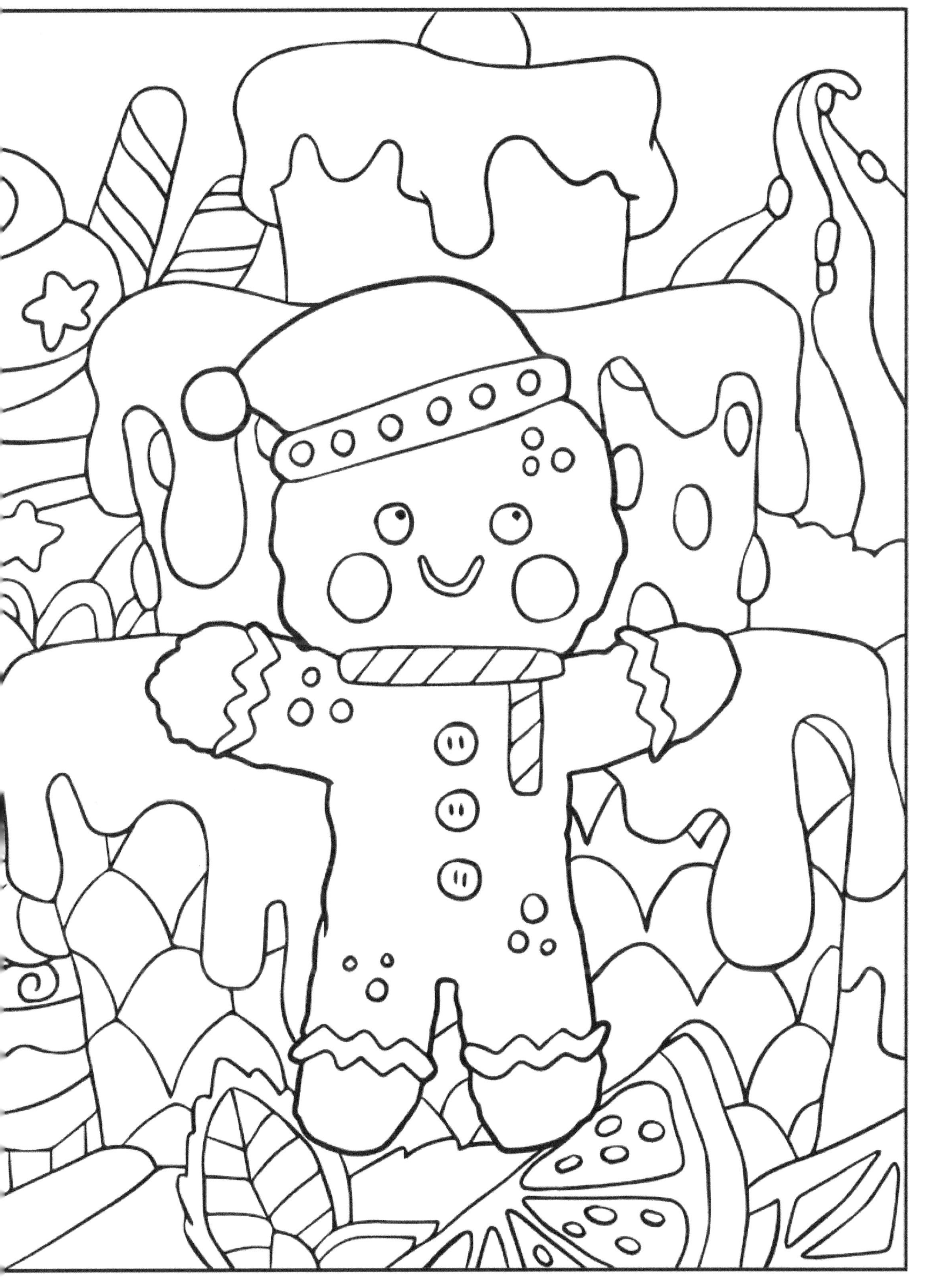

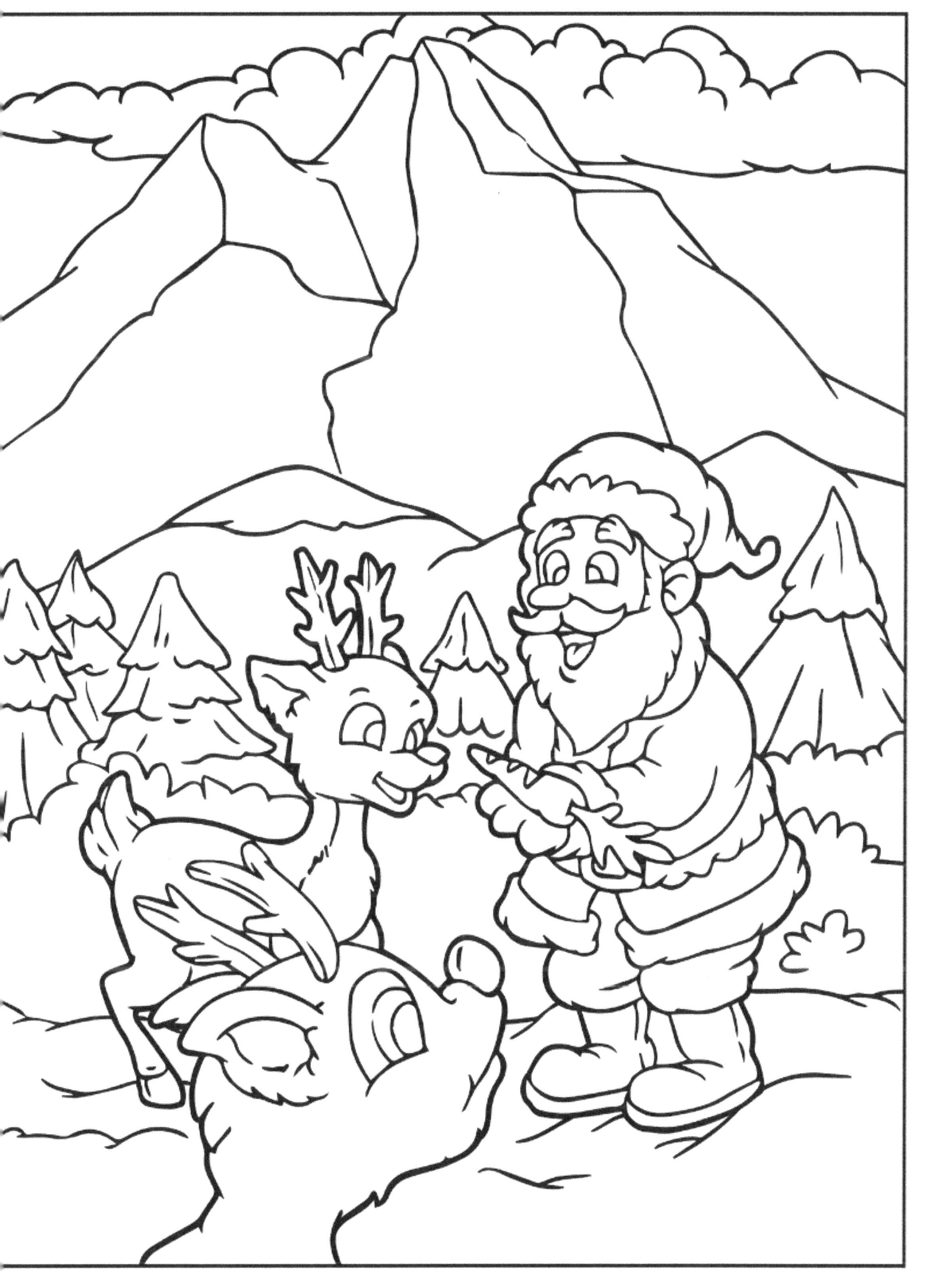

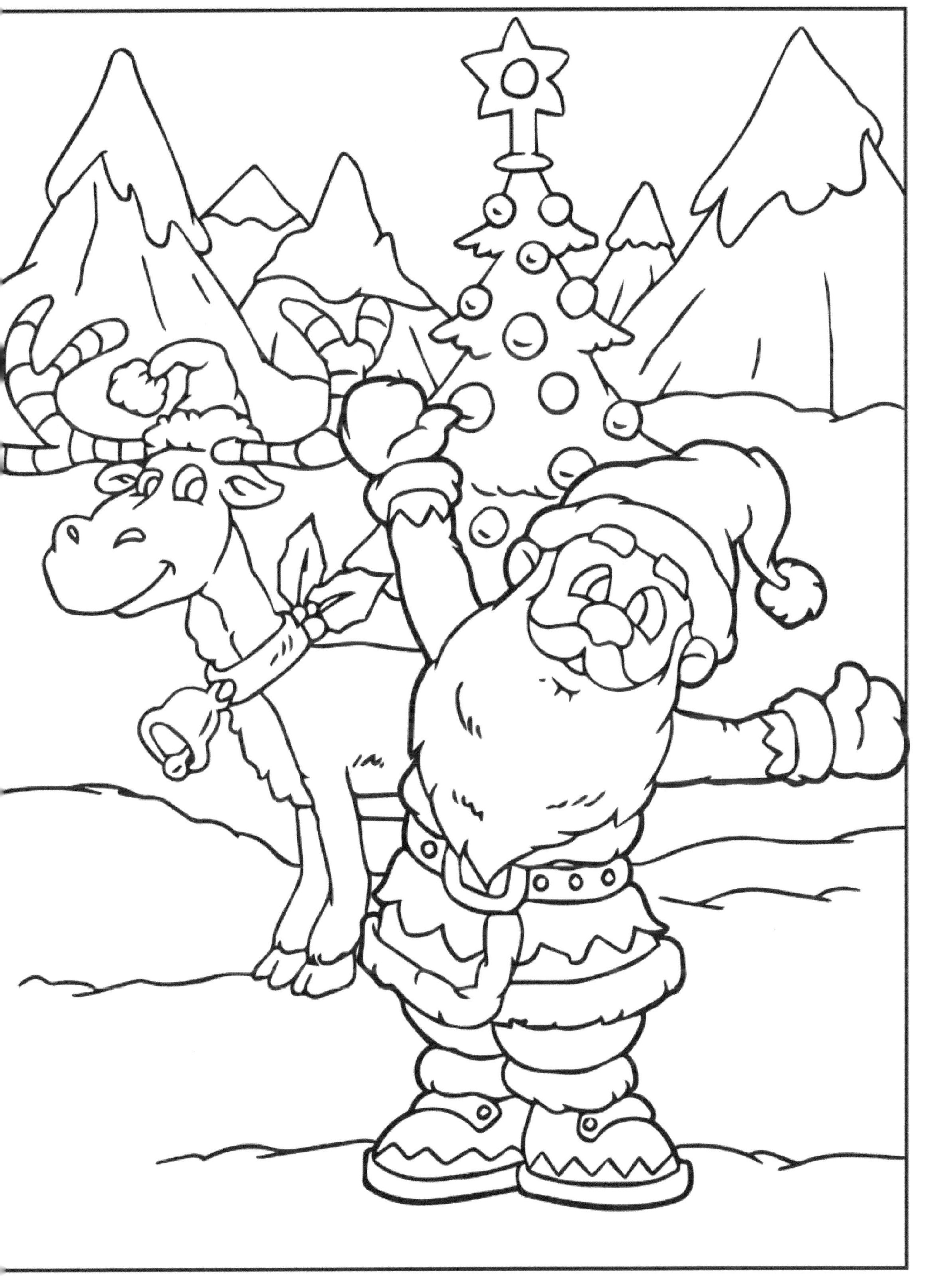

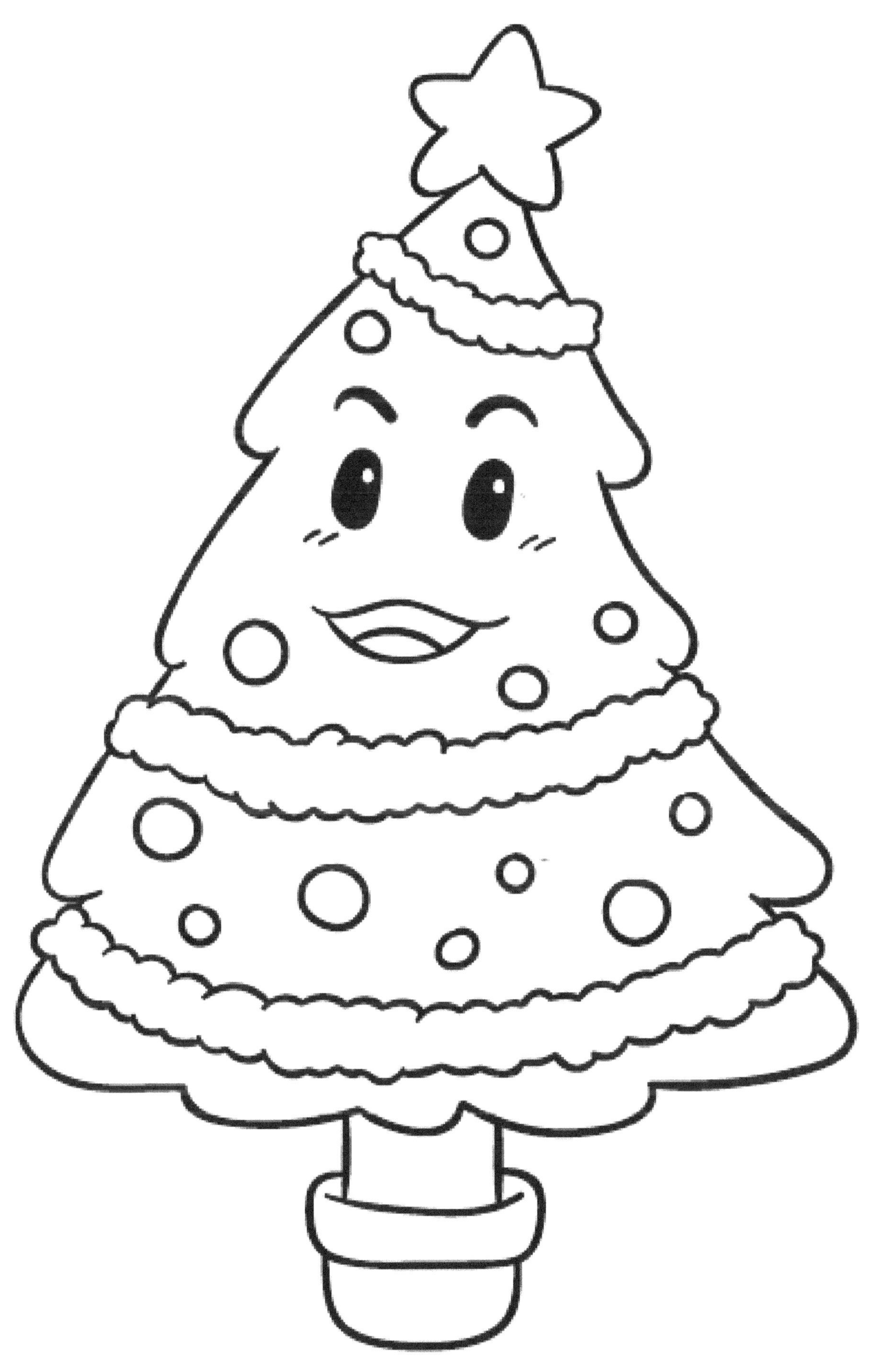

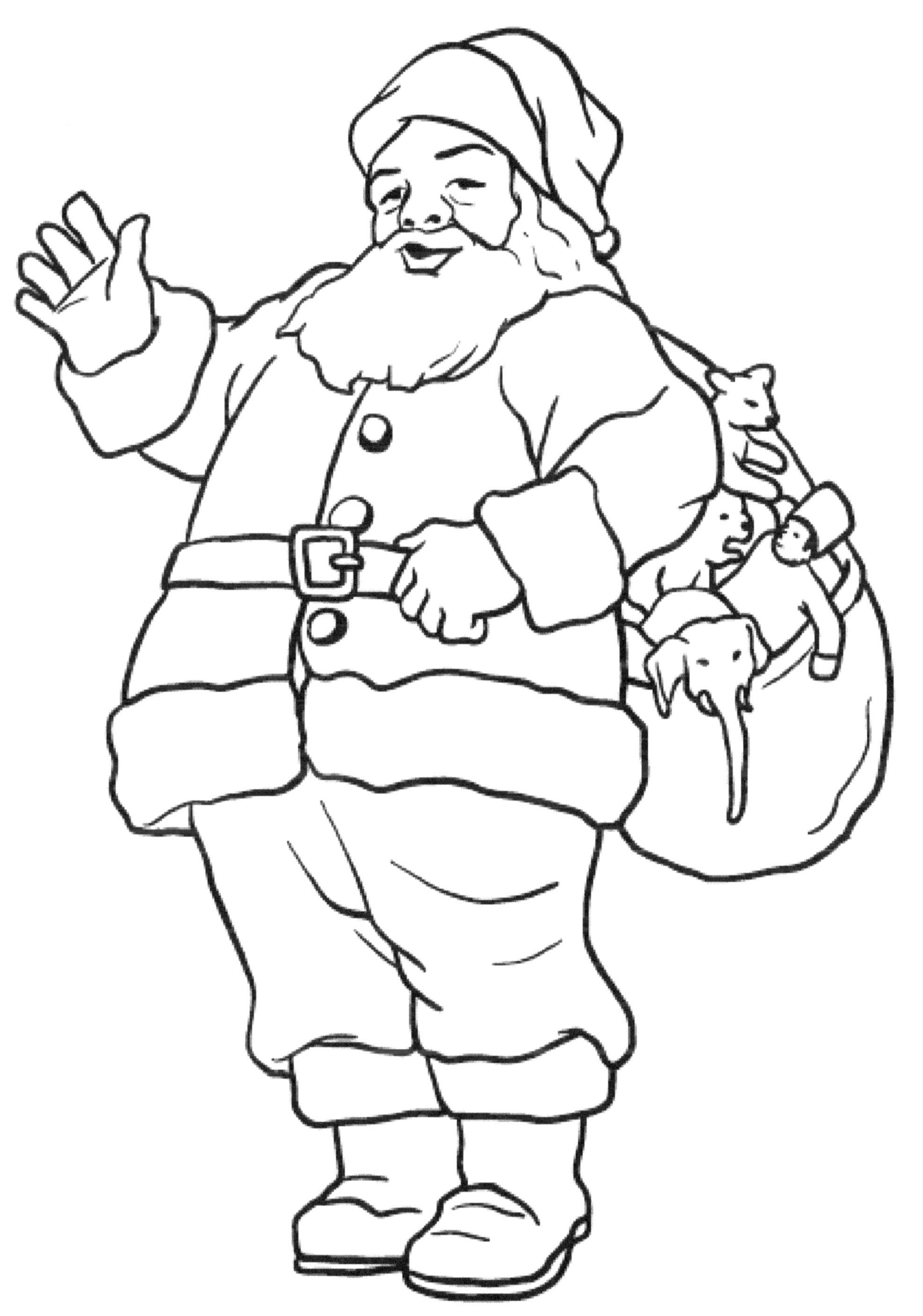

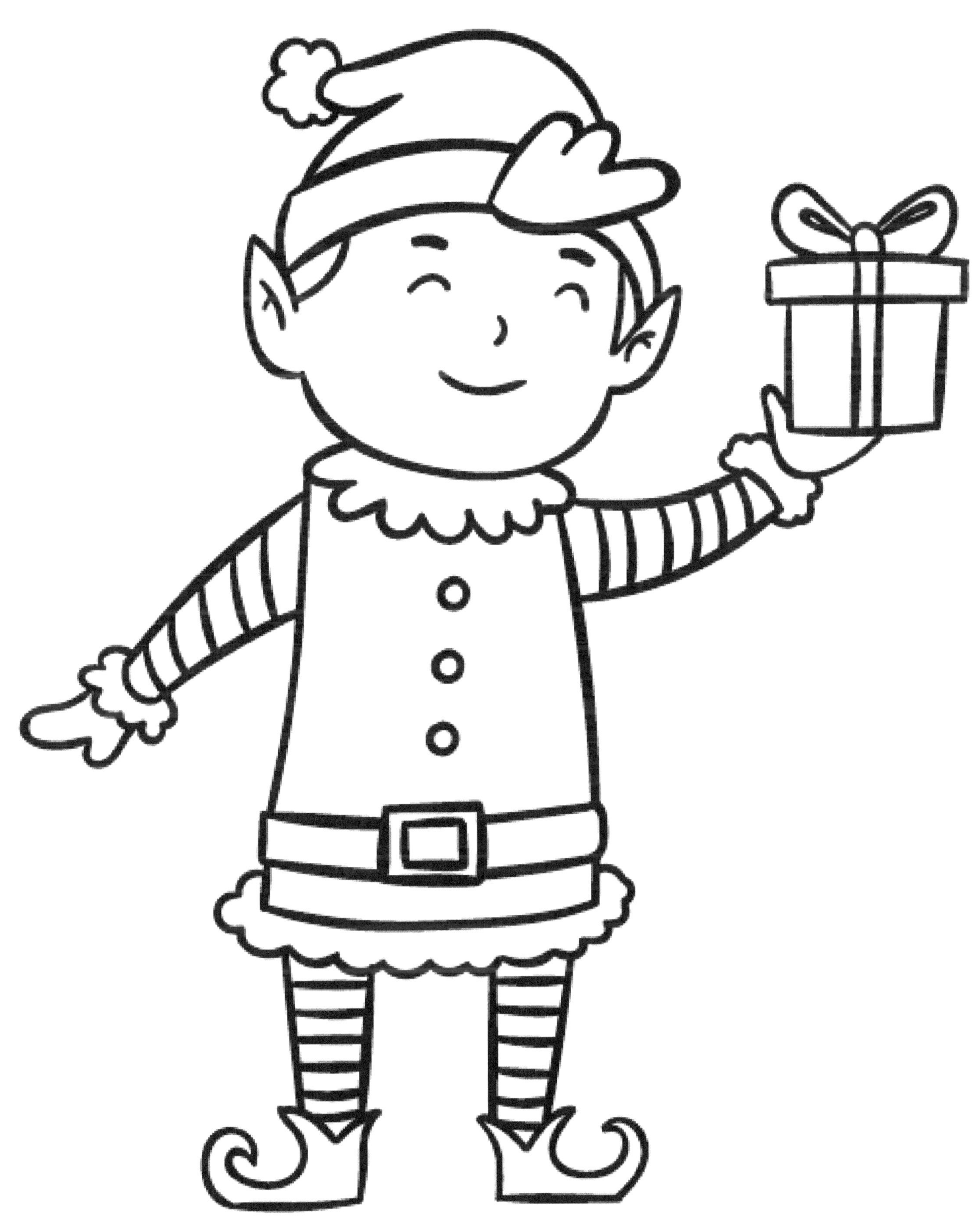

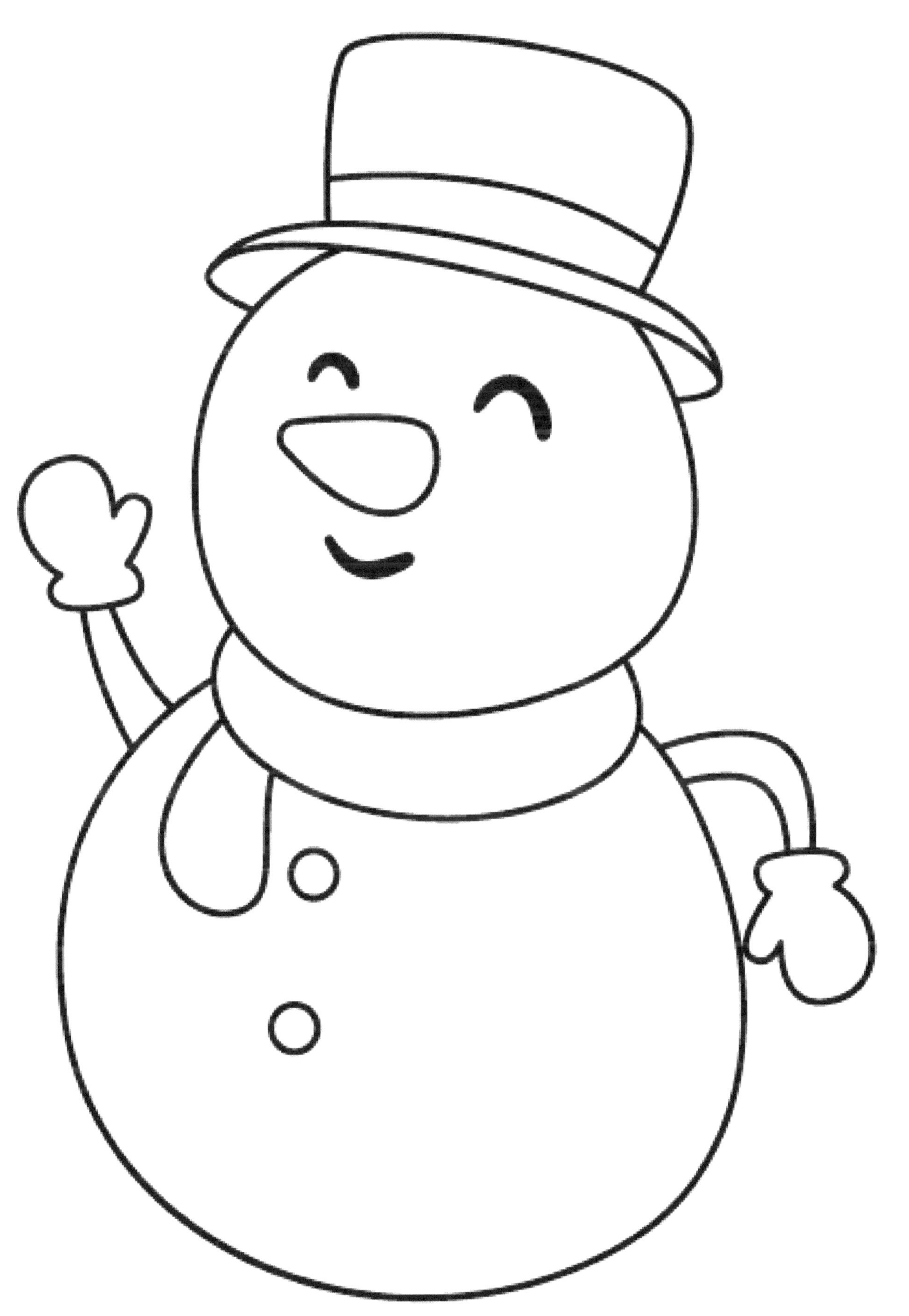

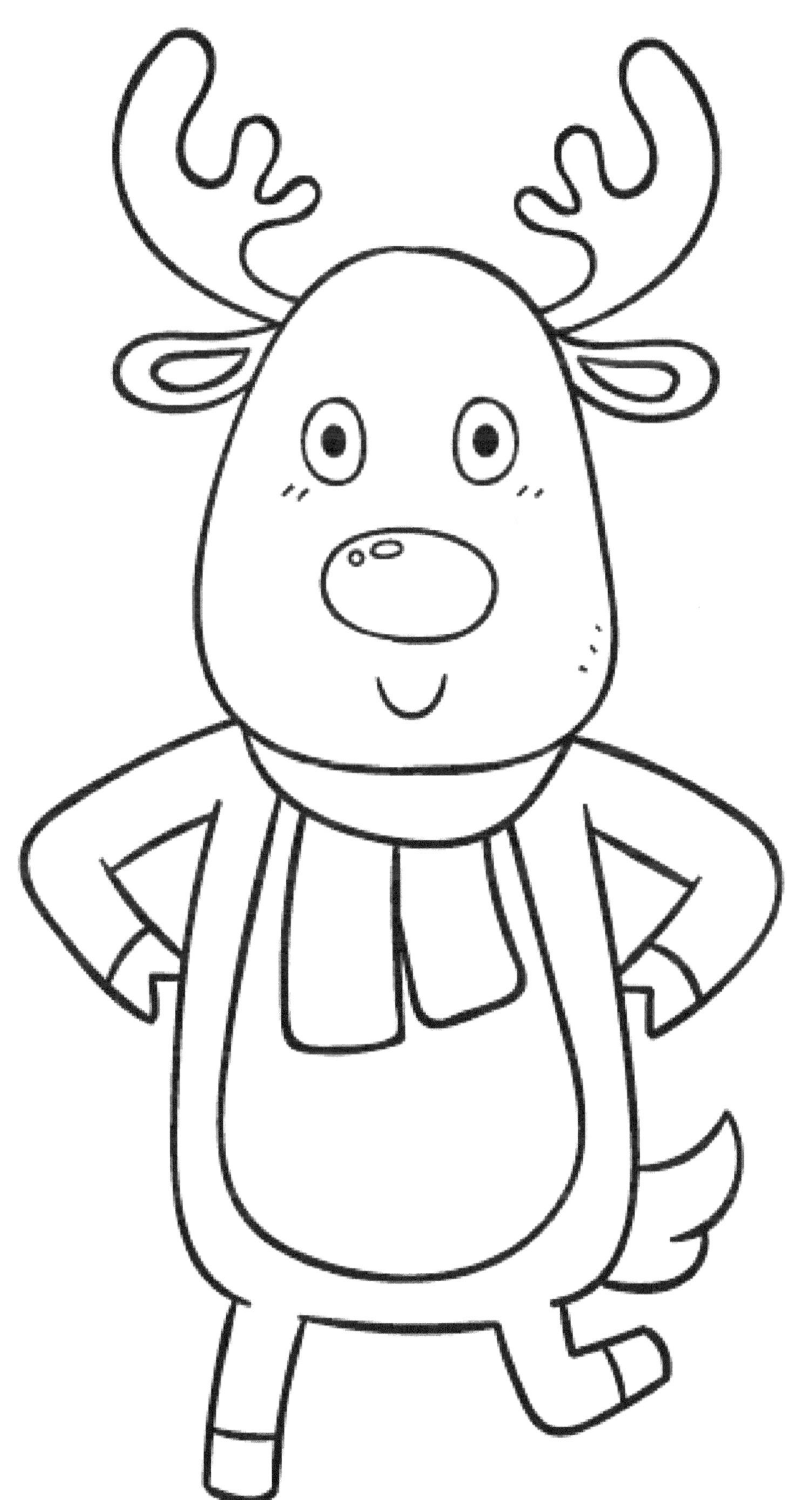

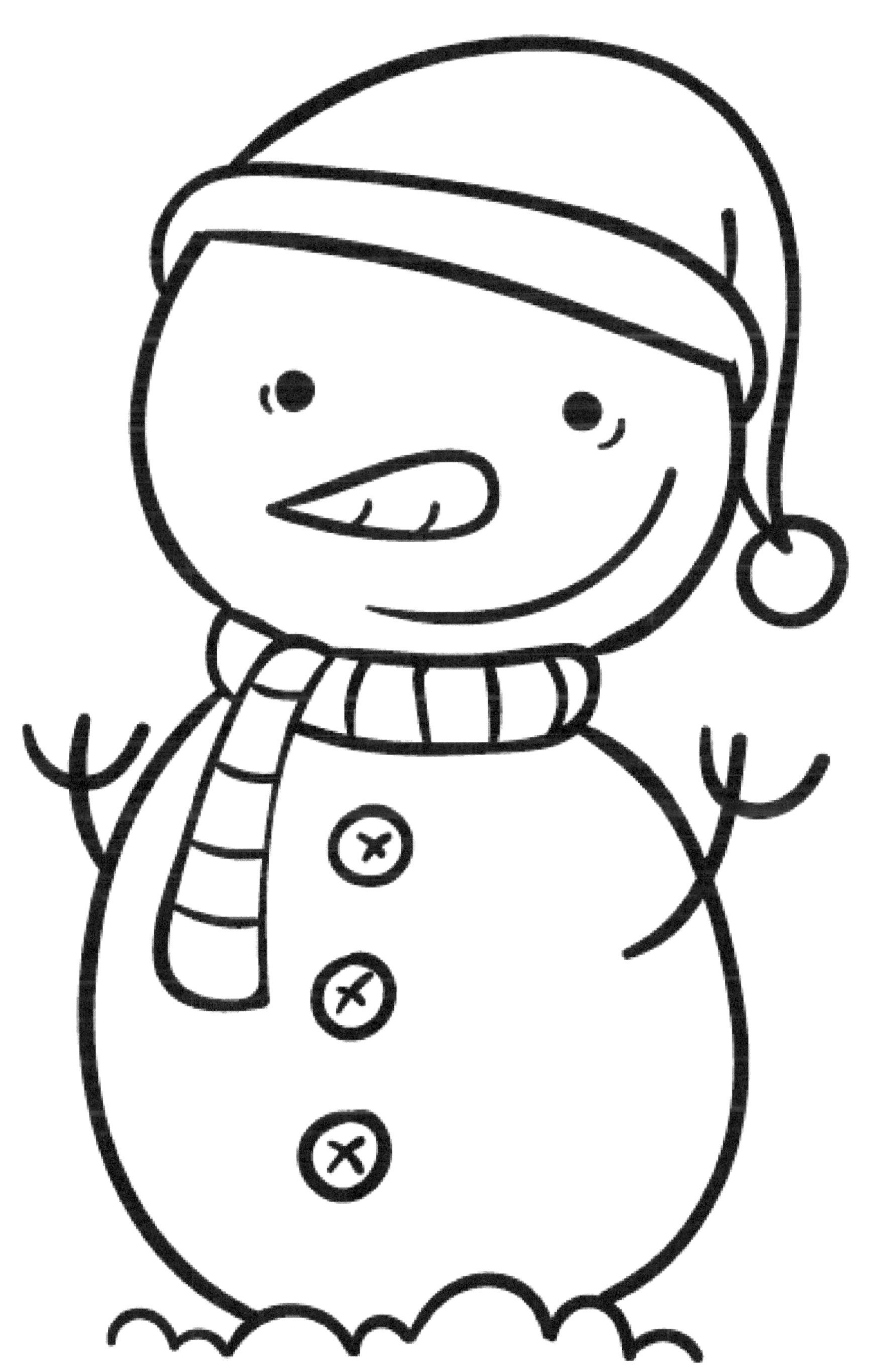

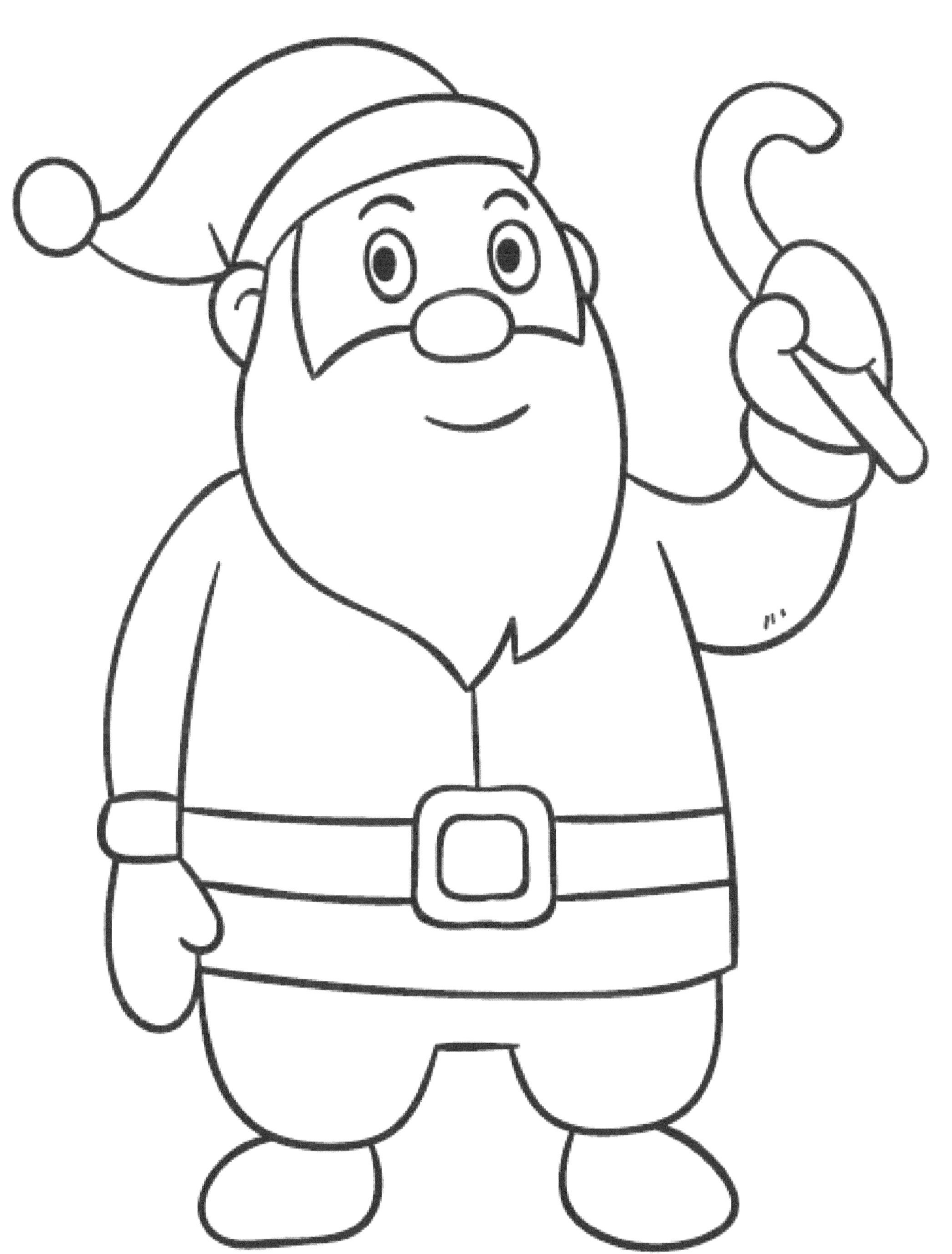

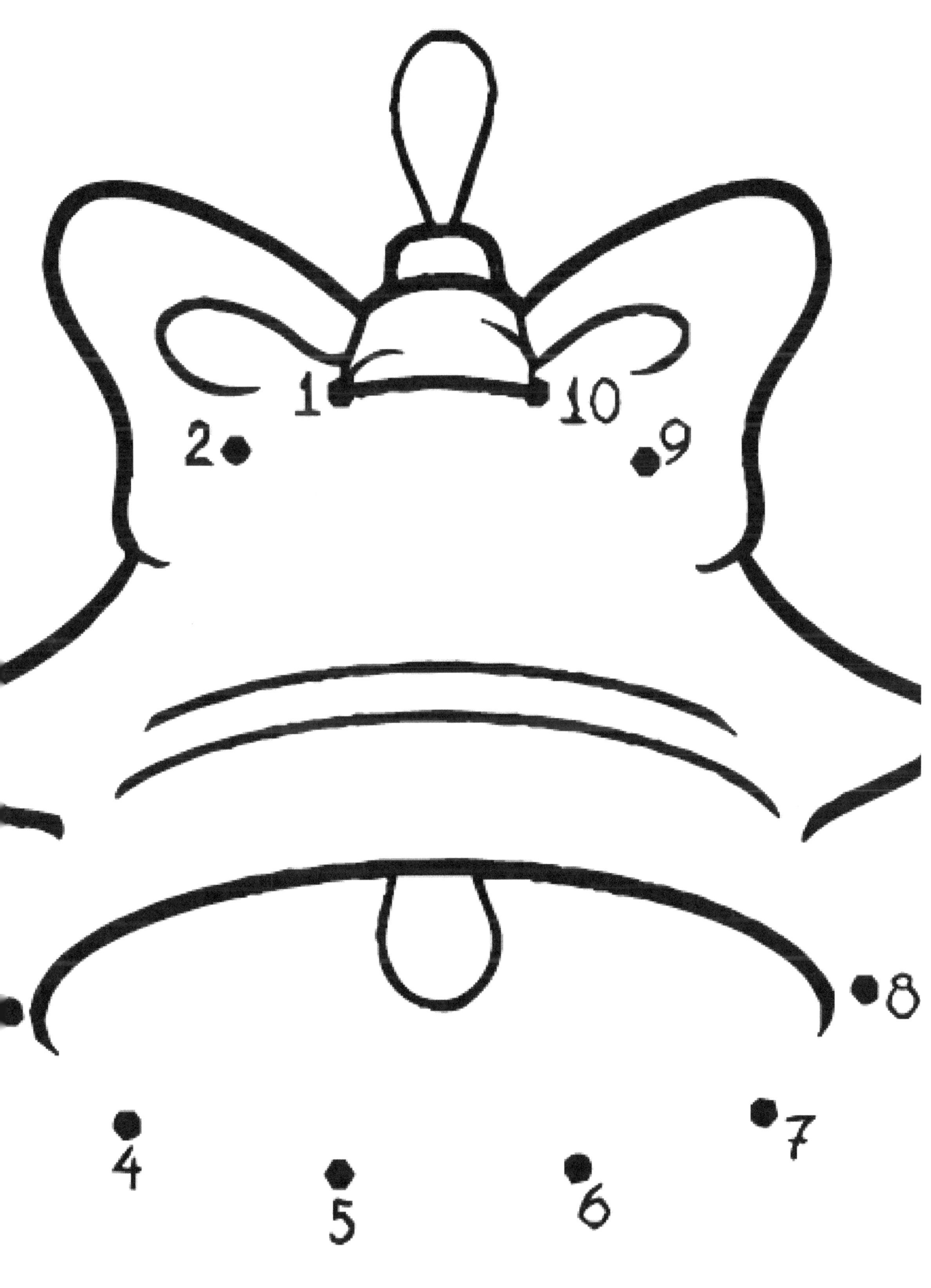

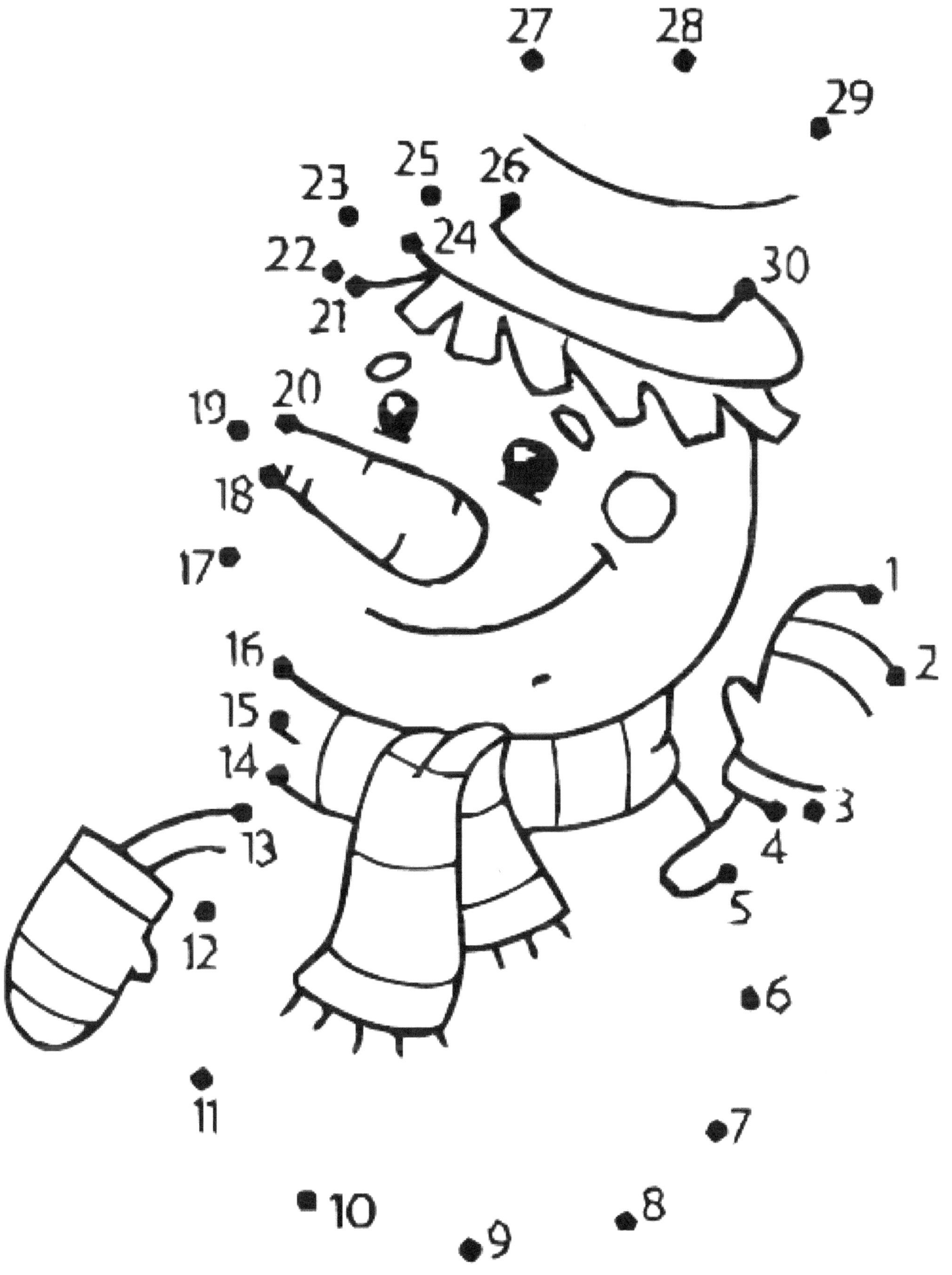

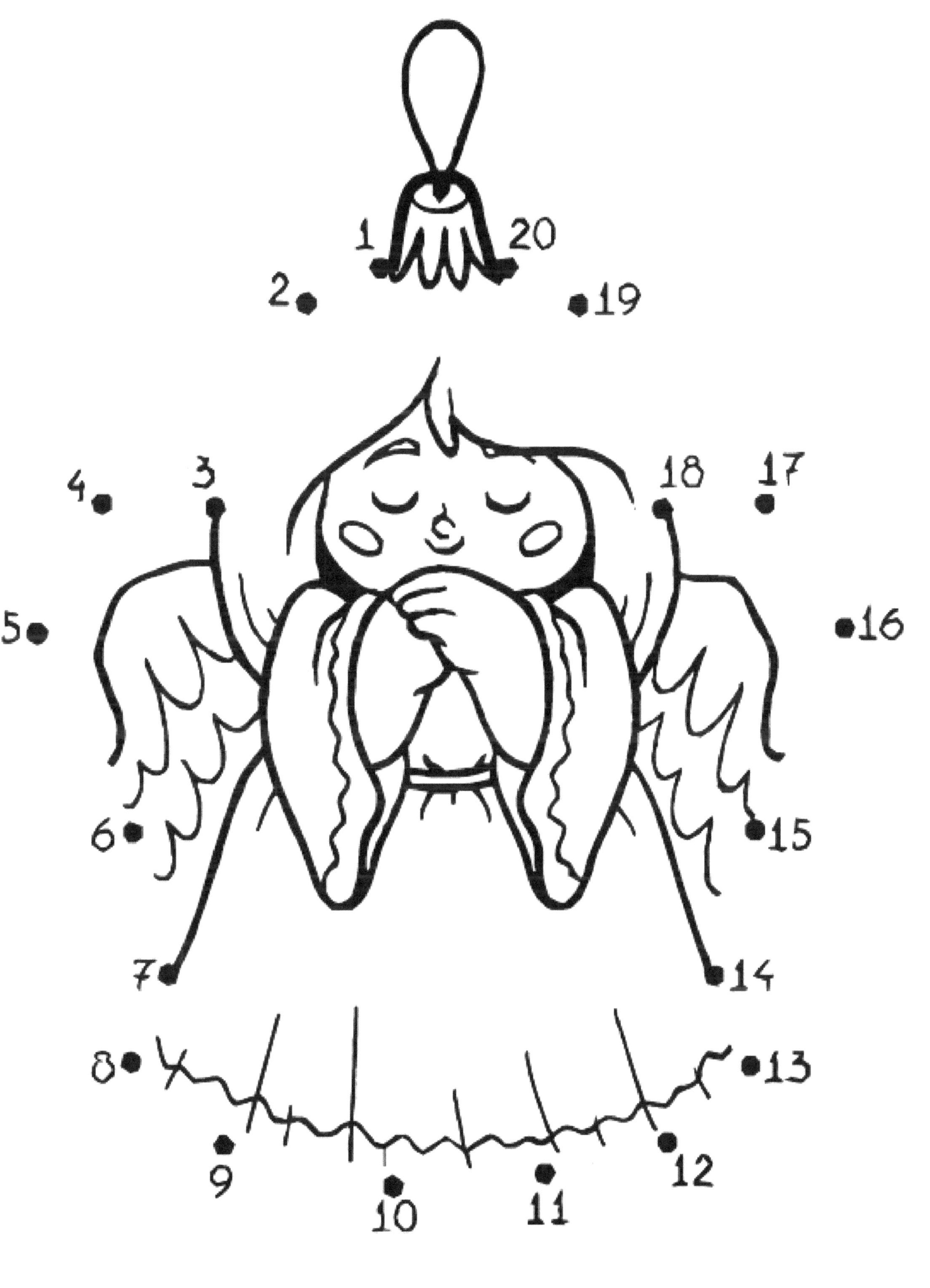

1
20
2
19
4
3
18
17
5
16
6
15
7
14
8
13
9
10
11
12

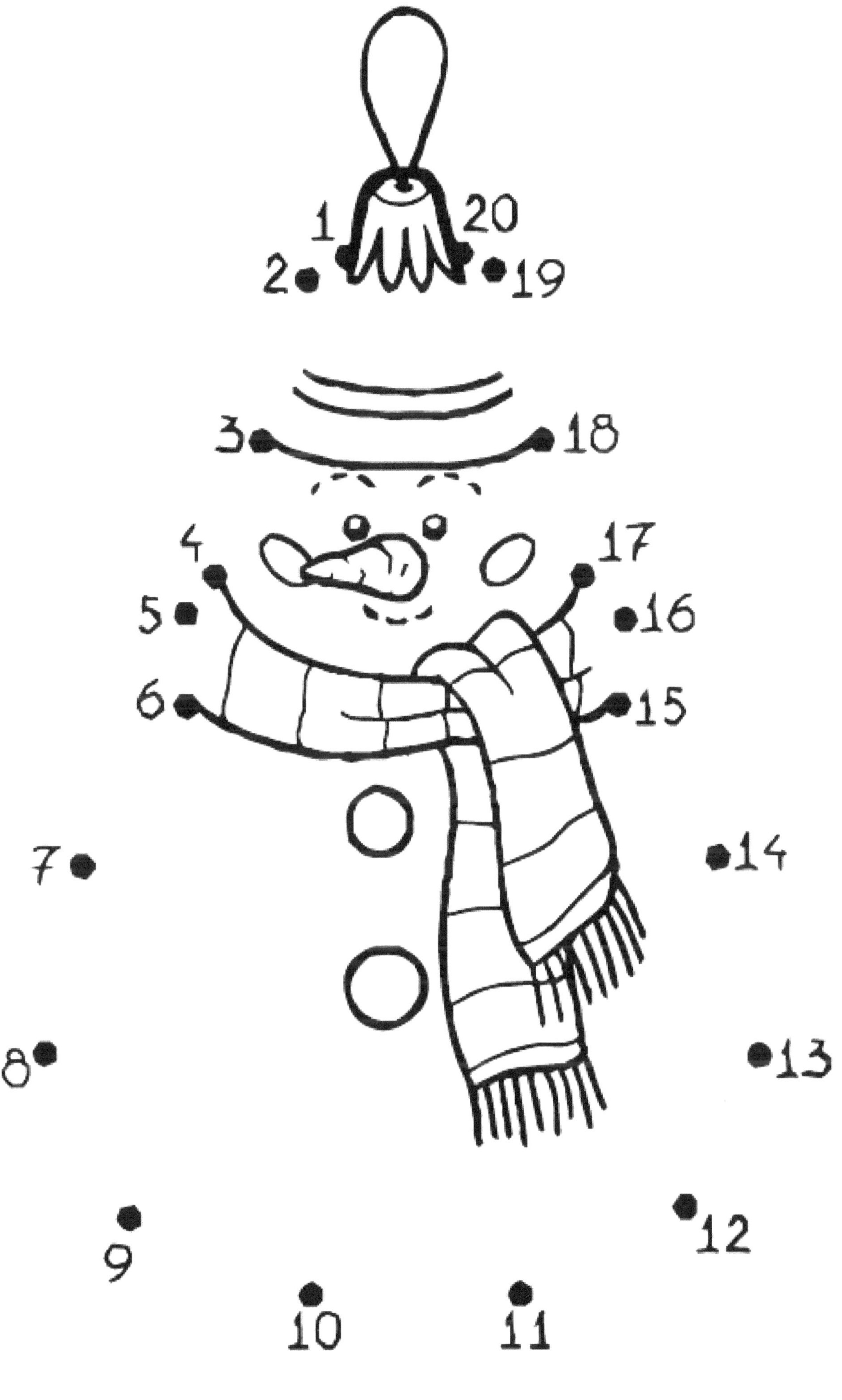

1
2
20
19
3
18
4
5
6
17
16
15
7
14
8
13
9
12
10
11

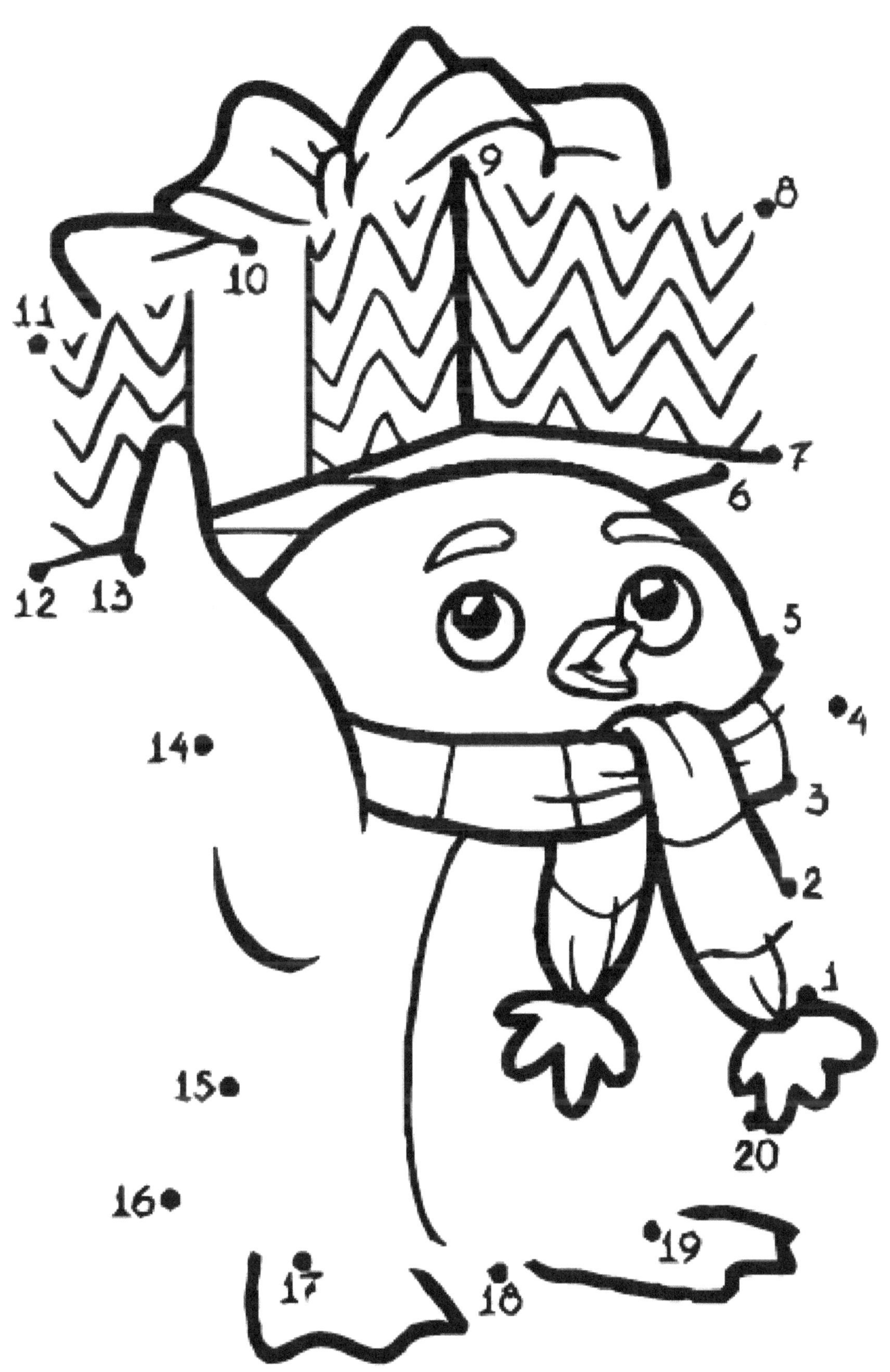

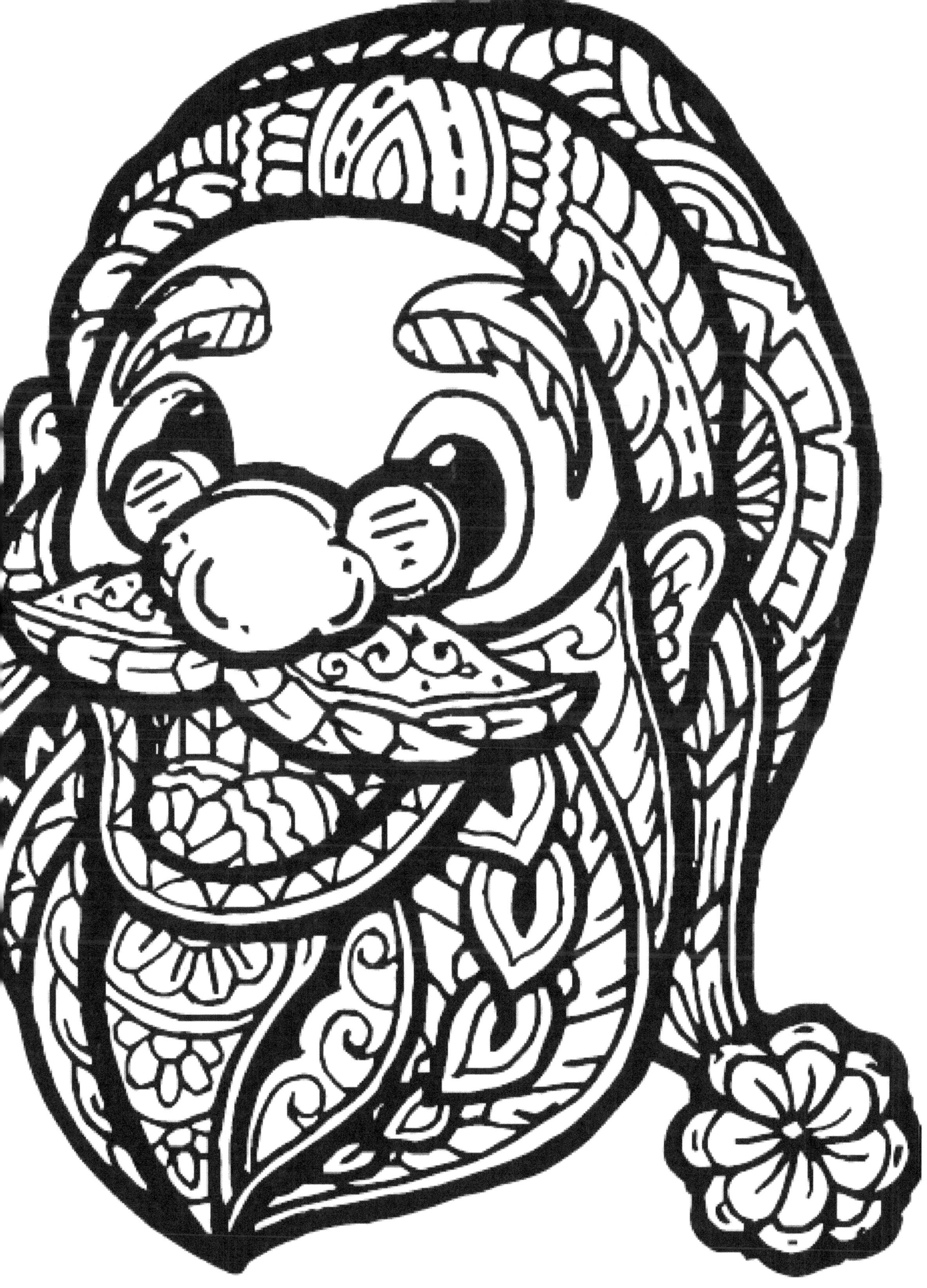

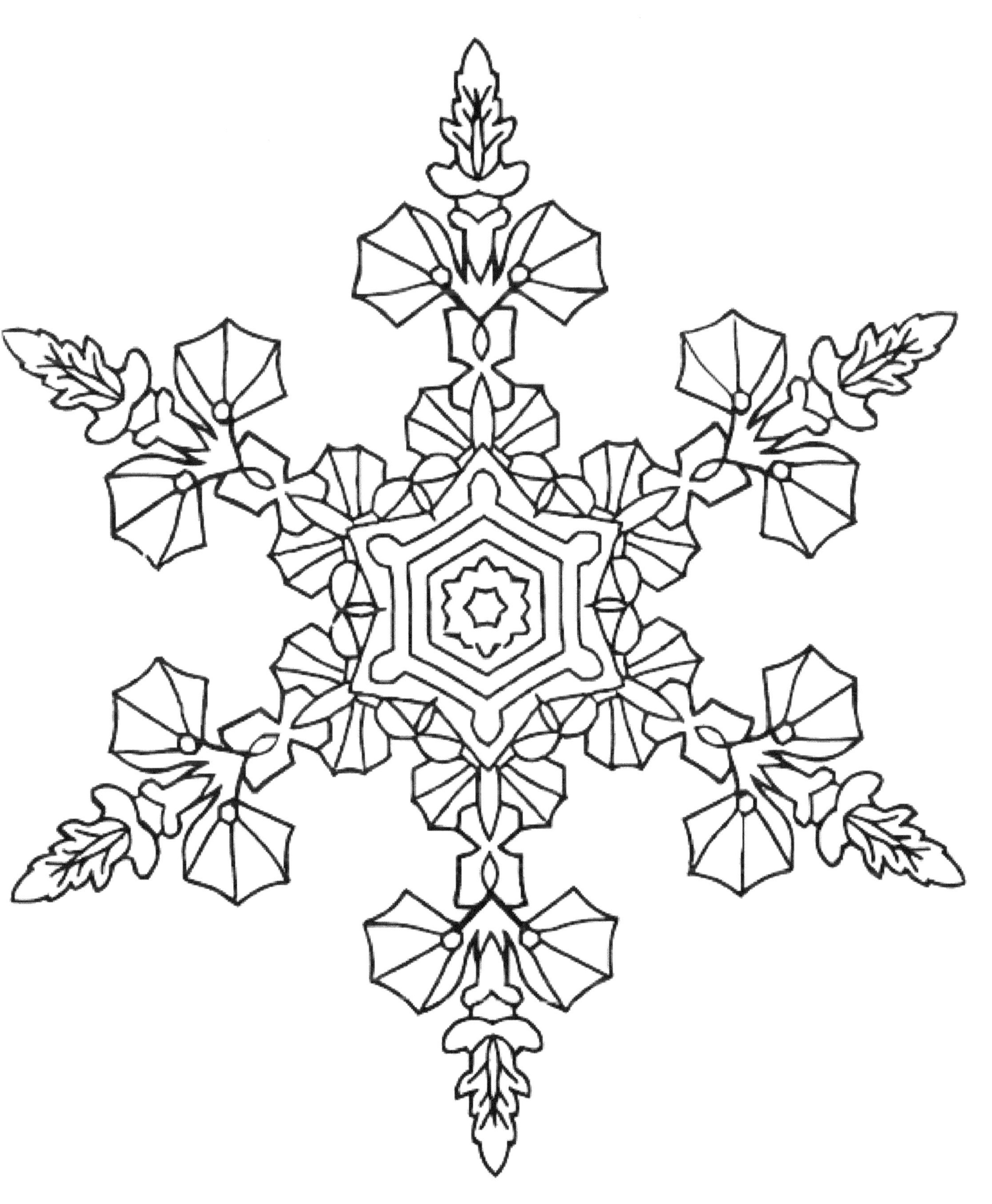

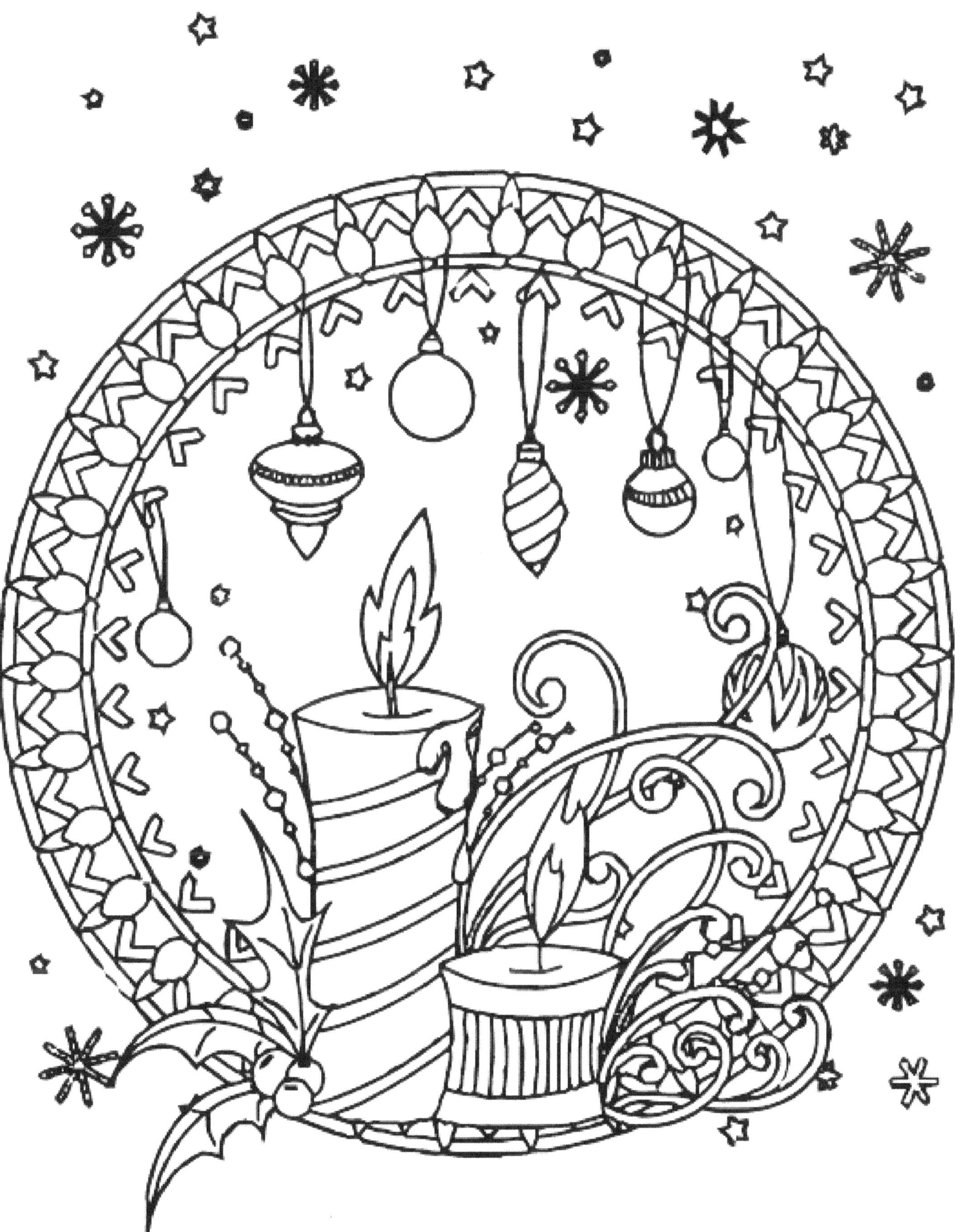

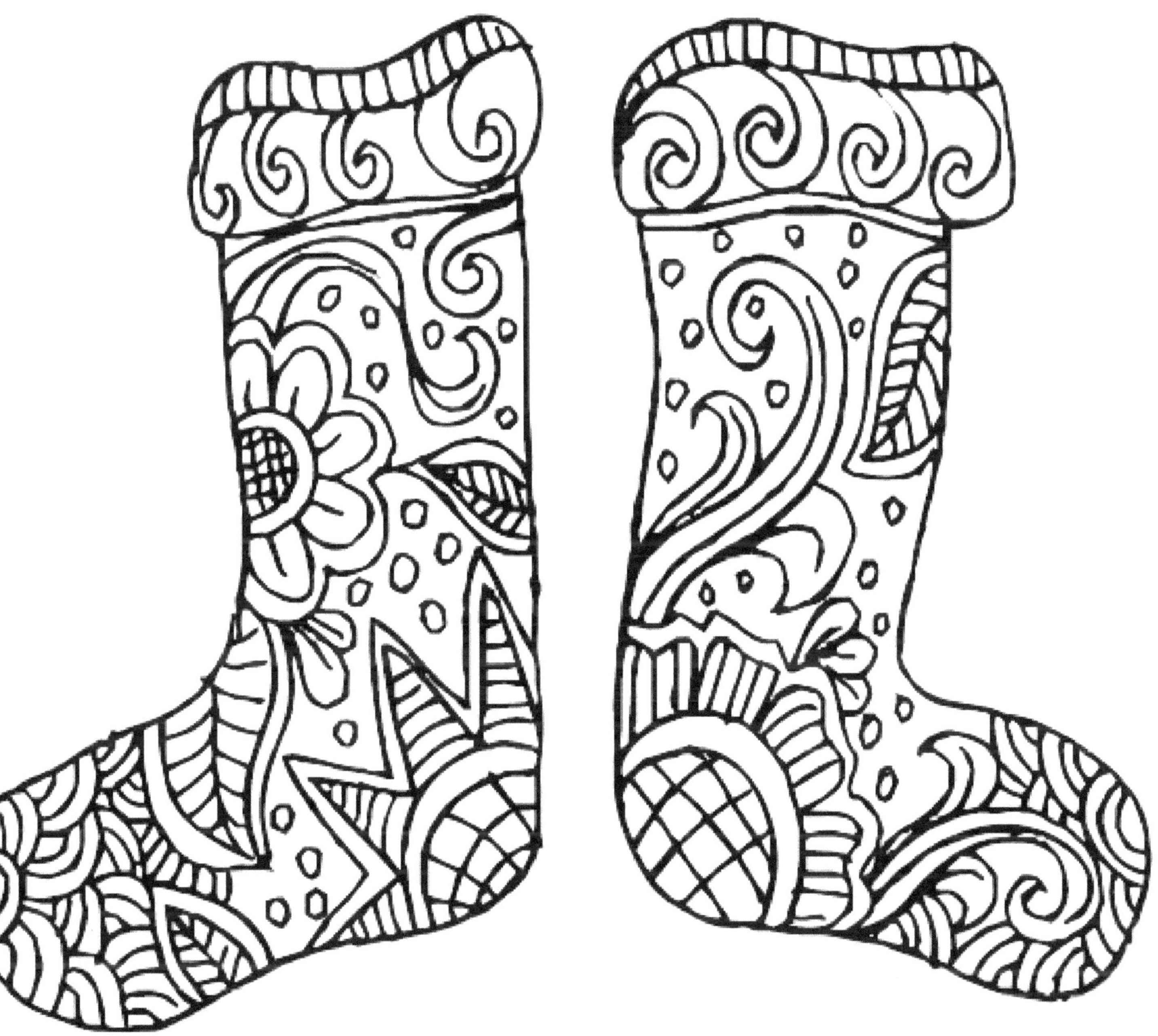

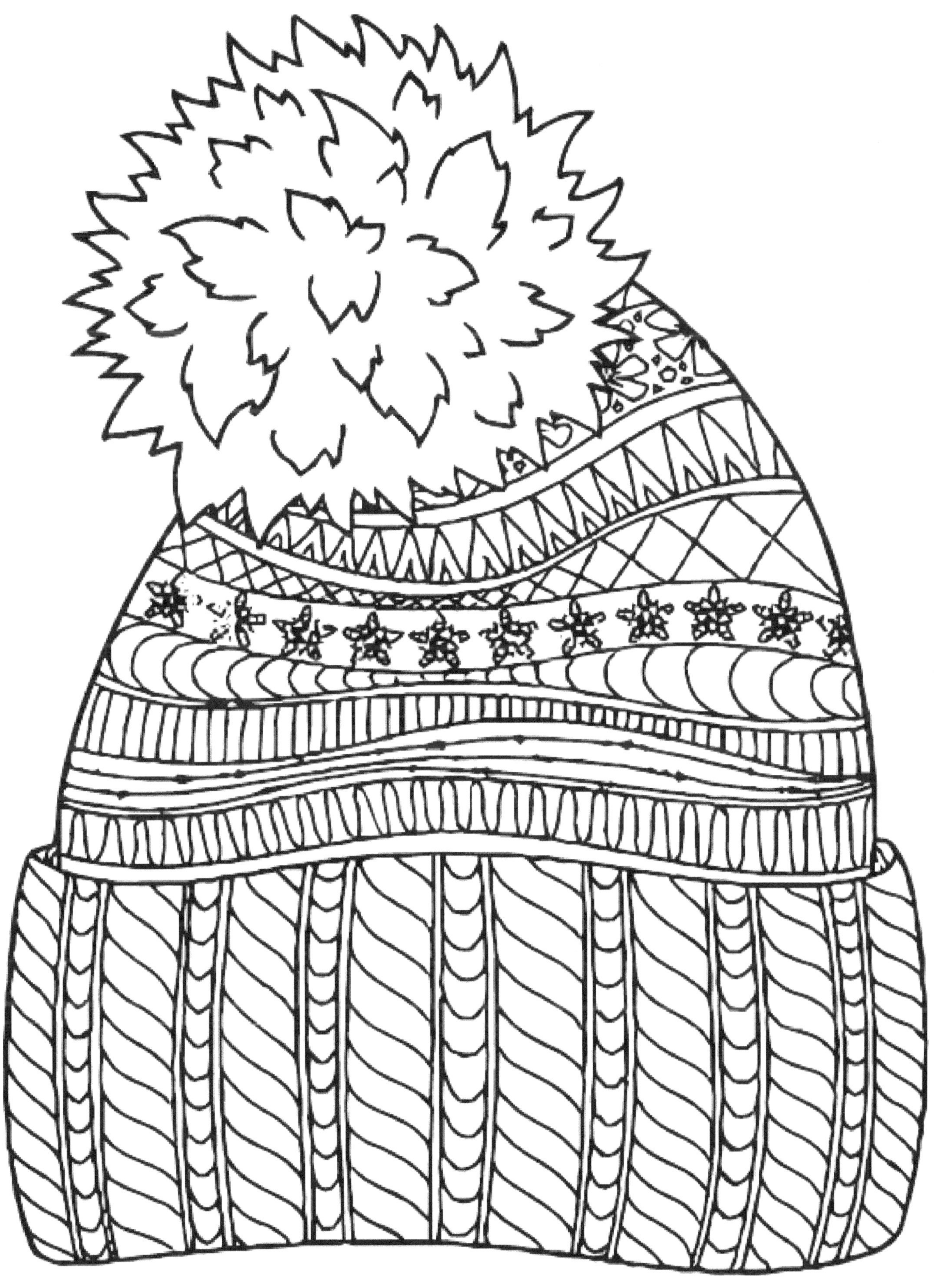

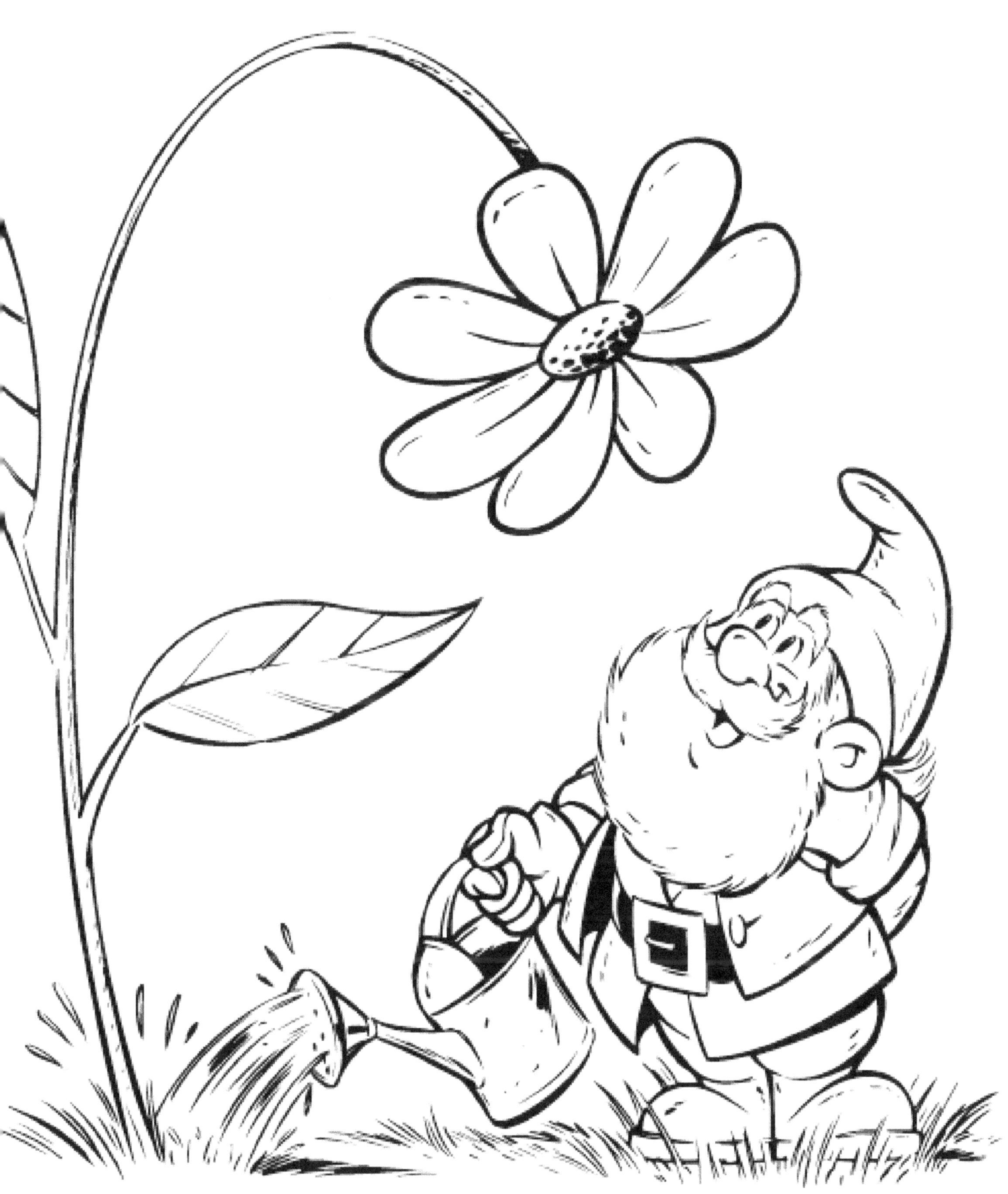

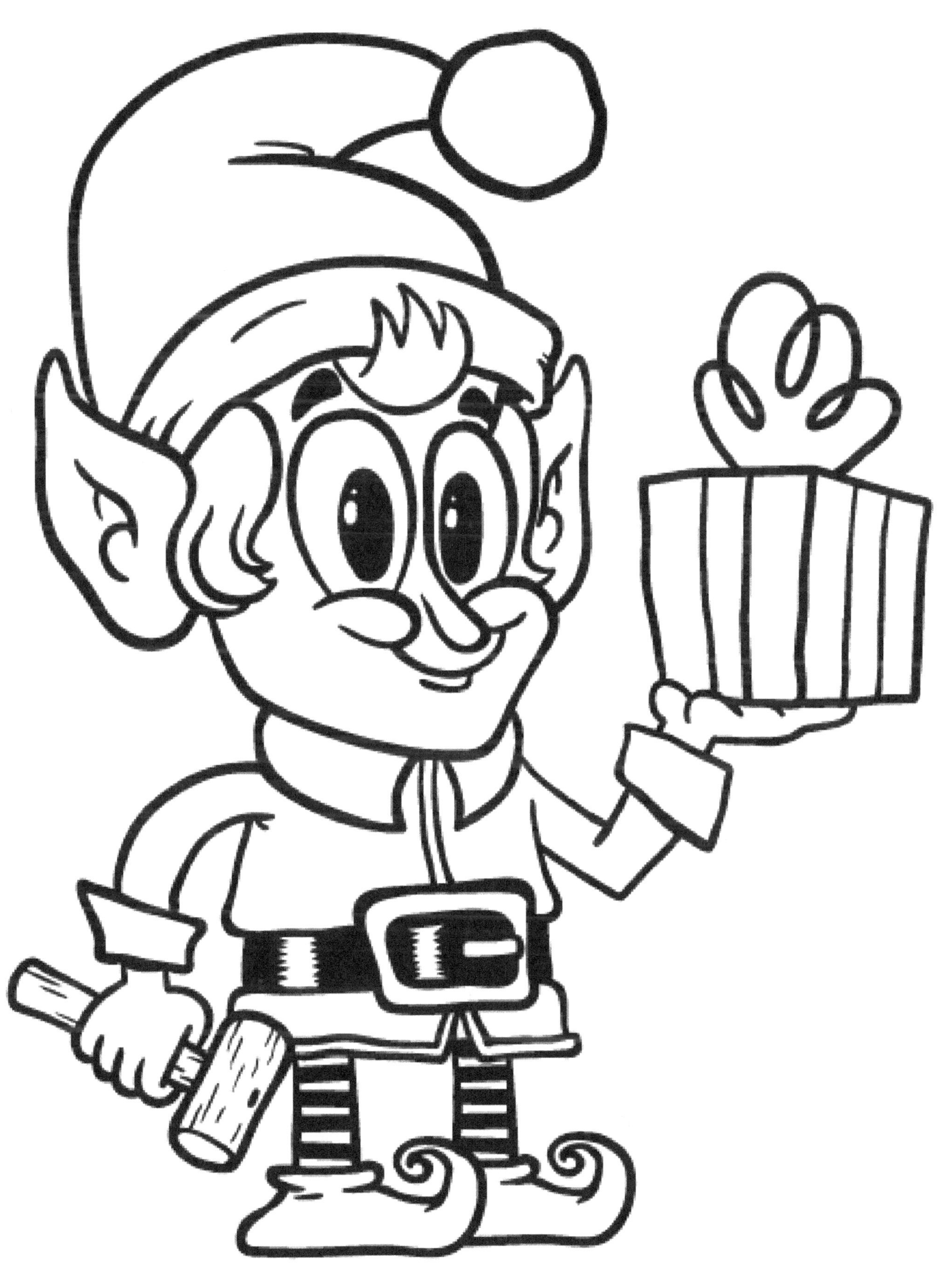

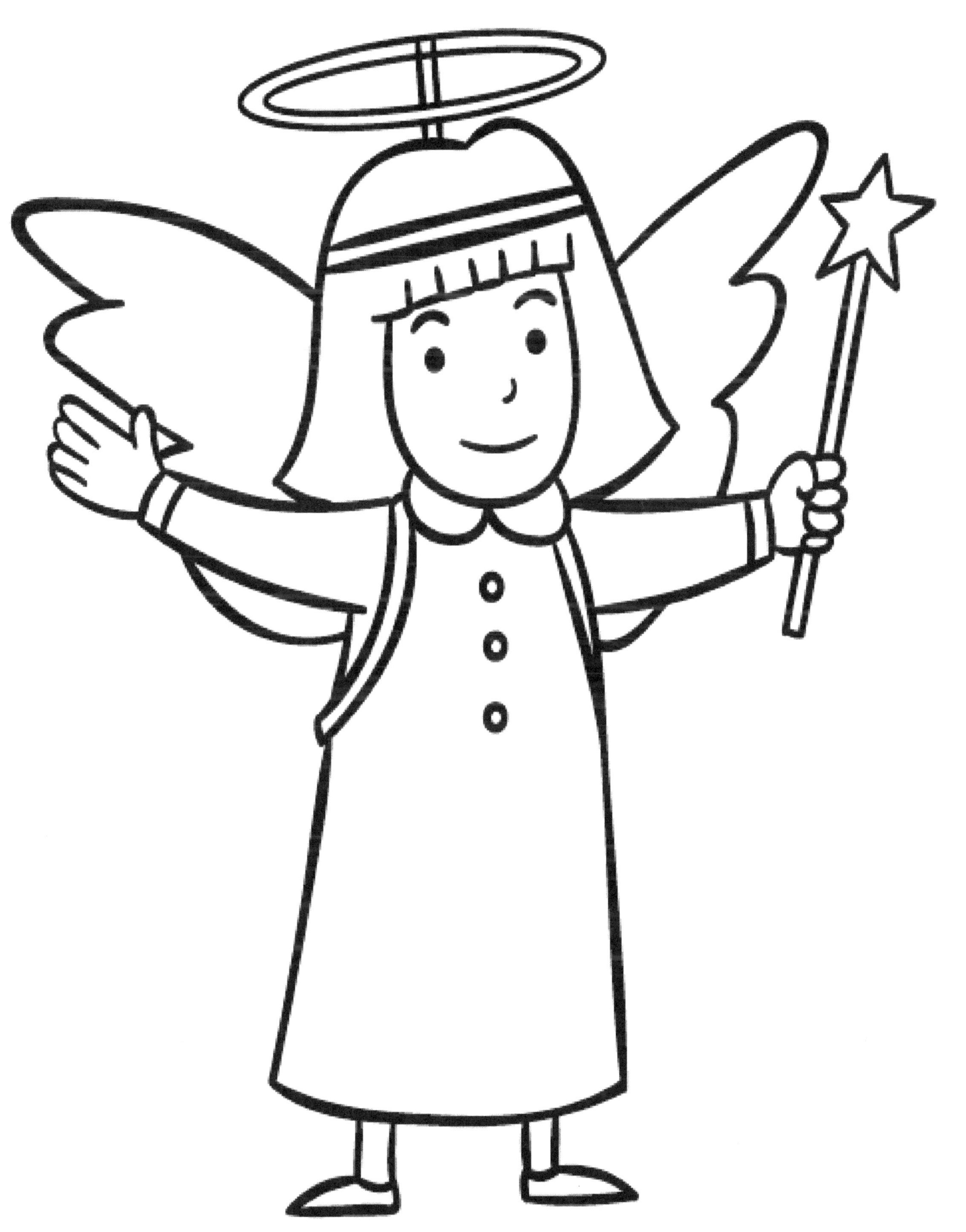